ABI 2022
Auf einen Blick

Politik Wirtschaft
Niedersachsen

STARK

© 2021 Stark Verlag GmbH
www.stark-verlag.de

Das Werk und alle seine Bestandteile sind urheberrechtlich geschützt. Jede vollständige oder teilweise Vervielfältigung, Verbreitung und Veröffentlichung bedarf der ausdrücklichen Genehmigung des Verlages. Dies gilt insbesondere für Vervielfältigungen, Mikroverfilmungen sowie die Speicherung und Verarbeitung in elektronischen Systemen.

Inhalt

3 Was erwartet mich?

THEORETISCHE GRUNDLAGEN

4 Der politische Prozess

POLITISCHE PARTIZIPATION

6 Partizipation durch Wahlen

8 Mitgliedschaft und Mitarbeit in Parteien

10 Engagement in Interessenverbänden und Initiativen

12 Direktdemokratische Elemente

14 Entwicklung politischer Teilhabe (eA)

16 Medien in der Demokratie

SOZIALE MARKTWIRTSCHAFT

18 Soziale Marktwirtschaft

20 Markt und Staat

22 Wirtschaftspolitik

24 Wirtschaftspolitische Ziele

28 Wirtschaftswachstum (eA)

30 Markt, Staat und Umwelt (eA)

FRIEDENSSICHERUNG

32 Internationaler Terrorismus

34 Deutsche Außenpolitik

36 Rolle der Bundeswehr

38 Deutsche Entwicklungspolitik (eA)

WELTWIRTSCHAFTLICHE VERFLECHTUNG

40 Außenhandelspolitik und Handelsregime

Buchtipps:

Original-Prüfungsaufgaben: Abiturprüfung Niedersachsen – Politik-Wirtschaft gA/eA, STARK Verlag, Best.-Nr. 35800

Abiturwissen: Prüfungswissen Politik, STARK Verlag, Best.-Nr. 14801

Was erwartet mich?

Die **Inhaltsfelder des Abiturs im Fach Politik-Wirtschaft** sind breit gestreut. Es ist daher nicht immer leicht, den Überblick zu behalten. Ihnen dabei zu helfen, ist das Hauptanliegen des vorliegenden Büchleins, das nach dem Doppelseiten-Prinzip aufgebaut ist.

- **Alle Themenbereiche** werden auf jeweils zwei (in einem Ausnahmefall vier) Seiten in knappen Stichpunkten sehr übersichtlich dargestellt. Die Schwerpunktthemen, die explizit für das erhöhte Anforderungsniveau vorgesehen sind, sind entsprechend gekennzeichnet.
- Jedes Thema beginnt mit einem **Schaubild**, das ein schnelles Erfassen wichtiger Punkte ermöglicht und zentrale Merkmale veranschaulicht.
- **Kurze Hinweise ("Übrigens…")** neben jedem Schaubild beziehen sich jeweils auf wissenswerte und interessante Zusatzinformationen.
- Die **Gliederung** des Büchleins folgt den inhaltlichen Schwerpunkten des Lehrplans, um eine zielgerichtete Vorbereitung auf das Abitur zu gewährleisten:
  - Das erste Kapitel umfasst **theoretische Grundlagen**, die zum Grundwissen gehören und Ihnen bei der Bearbeitung unterschiedlichster Fragestellungen eine effektive Hilfe sein werden. Mit dem Modell des Politikzyklus als Analyseinstrument können Sie den politischen Prozess strukturieren und nachvollziehen. Die Kategorien zur politischen Urteilsbildung ermöglichen ein differenziertes Urteil in Bezug auf politische Entscheidungen in allen Politikbereichen.
  - Das zweite Kapitel umfasst das vielschichtige Thema **politische Partizipation**. Dabei werden wichtige Formen der politischen Beteiligung erläutert. Auch auf die zentrale Rolle und die Funktionen der Medien, deren Bedeutung(smacht) sich durch das Web 2.0 stark gewandelt hat, wird eingegangen.
  - Das Kapitel **Soziale Marktwirtschaft** erläutert das Konzept der Sozialen Marktwirtschaft und betrachtet die Rolle des Staates in diesem Wirtschaftssystem. Es erfolgt eine ausführliche Darstellung der wirtschaftspolitischen Ziele, wobei auch auf das Spannungsverhältnis zwischen Umweltschutz und Wirtschaftswachstum eingegangen wird.
  - Im Kapitel **Friedenssicherung** werden zunächst die Formen des Terrorismus unterschieden, mögliche Ursachen geklärt und allgemeine Entwicklungstendenzen dargestellt. Außerdem wird im Rahmen der Außen- und Sicherheitspolitik auf die Rolle der Bundeswehr im „System kollektiver Sicherheit" eingegangen. In diesem Zusammenhang spielt auch die Entwicklungspolitik, der unterschiedliche Zielrichtungen und Motive zugrunde liegen, eine bedeutende Rolle.
  - Das letzte Kapitel konzentriert sich auf **weltwirtschaftliche Verflechtungen**, wobei hier außenhandelspolitische Leitbilder und deren Grenzen in einer globalisierten Weltwirtschaft im Fokus stehen.

Der STARK Verlag wünscht Ihnen bei der Arbeit mit dem Buch viel Freude und für das Abitur viel Erfolg!

4 Der politische Prozess

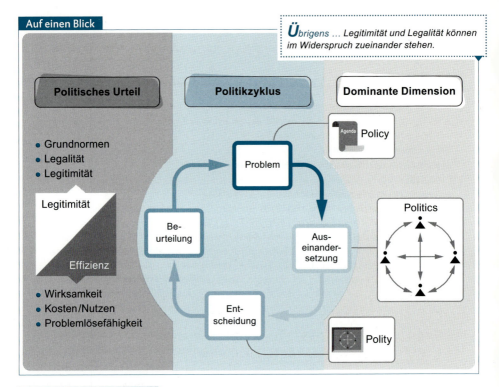

Dimensionen der Politik

- fehlende allgemeingültige Definition von „Politik"
- geläufige Definition von „Politik": Politik als **multidimensionales Phänomen**
  → drei Dimensionen für einen Begriff:
  - **Polity:** Institutionelle Dimension, Handlungsrahmen der Politik (z. B. Verfassung, Verfassungsprinzipien, Gesetze, Institutionen)
  - **Policy:** Inhaltliche Dimension (Ziele, Aufgaben, politische Programme)
  - **Politics:** Prozessuale Dimension (Verlauf der Willensbildung und Interessenvermittlung)
  → alle drei Dimensionen sind **gleichwertig** und stehen **in Bezug zueinander**

Der Politikzyklus

- Modell zum Verständnis, wie politische Prozesse funktionieren (Analyseinstrument)
- Veranschaulichung des zeitlichen Ablaufs eines politischen Prozesses, der sich u. U. mehrfach wiederholt **(Problemkreislauf)**
- Politik als Prozess zur Problemlösung

THEORETISCHE GRUNDLAGEN

Der politische Prozess

Phasen eines Politikzyklus

- **Problemwahrnehmung:**
  Worin besteht das Problem? Welche Aufgabe haben die Politiker zu lösen?
- **Agenda-Setting:**
  Welche gesellschaftliche Gruppe/Wer hat das Problem auf die politische Tagesordnung gesetzt? Welche gesellschaftlichen Interessen werden bei der Problemwahrnehmung/bei den Lösungsvorschlägen berücksichtigt?
- **Politische Auseinandersetzung:**
  Wie läuft die Auseinandersetzung ab? Welche Einflüsse wirken? Wer nimmt Einfluss?
- **Politische Entscheidung:**
  Welche Ergebnisse wurden erzielt? Welche Interessen konnten sich durchsetzen?
- **Implementation:**
  Wie und durch welche Instanz wird die Entscheidung durchgesetzt?
- **Gesellschaftliche und politische Bewertung:**
  Wurde das Problem zufriedenstellend gelöst? Welche gesellschaftlichen Gruppen fühlen sich benachteiligt? Kommt das Problem erneut auf die Agenda?

Kategorien zur politischen Urteilsbildung

- bei politischen Frage-/Problemstellungen sind stets mehrere Lösungsansätze möglich, die unterschiedlich gut begründet sind bzw. unterschiedlich beurteilt werden können
- **Kategorien zur Urteilsbegründung bzw. zur Beurteilung „guter" Politik (nach Massing)**
  - **Legitimität (Wertrationalität):**
    Beurteilung/Begründung politischer Entscheidungen bezogen auf die Grundwerte menschenwürdigen Handelns **(Grundnormen)**, auf konstitutionelle Verfahren **(Legalität)** und auf die Anerkennung seitens der Bürger **(Legitimitätsglaube)**;
    Kriterien: z. B. Rechtmäßigkeit, Grundrechte, Transparenz, Partizipation, Verhältnismäßigkeit
  - **Effizienz (Zweckrationalität):**
    Beurteilung/Begründung politischer Entscheidungen bezogen auf die **Wirksamkeit**, die **Kosten/Nutzen-Relation**, die **Problemlösefähigkeit**, die **Wirtschaftlichkeit**;
    Kriterien: z. B. politische Durchsetzbarkeit, Effektivität, Nebenfolgen
- Legitimität <u>und</u> Effizienz müssen bei einem politischen Urteil **immer** berücksichtigt werden!
- wichtiger Aspekt bei Wertentscheidungen: **Bedingungs- und Spannungsverhältnis** zwischen verschiedenen Werten möglich; z. B. Freiheit vs. Sicherheit (vgl. Debatte um Vorratsdatenspeicherung), gleichzeitig ist Sicherheit jedoch eine Voraussetzung für die freie Entfaltung

THEORETISCHE GRUNDLAGEN

Partizipation durch Wahlen

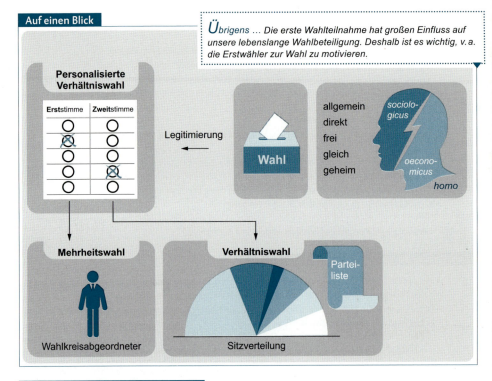

Zentrale Funktionen von Wahlen

- einfachste und egalitärste Form der Partizipation im repräsentativen System
- **Repräsentation** der Interessen der Bevölkerung in politischen Institutionen → **Legitimierung**
- **Rekrutierung** der politischen Elite
- **Kontrolle** der politischen Handlungseinheiten durch Abwählbarkeit
- **Konkurrenzkampf:** Entwicklung **alternativer Problemlösungen / Sachprogramme**
- Hervorbringen einer **handlungsfähigen Regierung** (Ergebnis der Wahl)

Wahlrechtsgrundsätze

- durch das Grundgesetz festgelegt (Art. 38 GG) → Bundes-, Landes- und Kommunalebene
- **Wahlrechtsgrundsätze:** Die Wahl ist …
  - **allgemein:** alle Staatsbürger ab 18 Jahre verfügen über ein aktives und passives Wahlrecht
  - **unmittelbar/direkt:** die Abgeordneten werden direkt, d. h. ohne Zwischeninstanz, gewählt
  - **frei:** kein Wahlzwang, freie Wahlentscheidung
  - **gleich:** jede Stimme zählt gleich (Einschränkung: 5 %-Klausel → „Gefahr verlorener Stimmen")
  - **geheim:** die Wahlentscheidung ist anonym

Partizipation durch Wahlen

Wahlsystem zum Deutschen Bundestag

- Wahlsystem: **personalisierte Verhältniswahl;** Wahlturnus: 4 Jahre
- Einteilung des Bundesgebiets in 299 Wahlkreise (= Hälfte der Anzahl der Bundestagssitze)
- **Erststimme:** Stimme für einen Wahlkreiskandidaten (Personenwahl; relative Mehrheitswahl → **Direktmandat**); **Zweitstimme:** Stimme für die Landesliste einer Partei (Verhältniswahl: Anteil der Sitze im Parlament entspricht dem Zweitstimmenanteil → **Listenmandat**)
- Ermittlung der **Sitzverteilung im Bundestag** entsprechend des Zweitstimmenanteils nach dem Sainte-Laguë/Schepers-Verfahren
- Besetzung der Bundestagssitze mit den Wahlkreisgewinnern der jeweiligen Partei; die übrigen Plätze werden entsprechend der Reihenfolge der Partei-Landeslisten vergeben
- **Überhangmandate** entstehen, wenn Anzahl der Direktmandate einer Partei > Anzahl Listenmandate; zur Verhinderung von Verzerrungen des Zweitstimmenproporzes Einführung von **Ausgleichsmandaten** für die anderen Parteien → steigende Sitzzahl (2017: 709 Sitze)
- **Sperrklausel** in Höhe von 5 % der abgegebenen Zweitstimmen oder mindestens drei Direktmandate über die Wahlkreise → Stimmen für Kleinstparteien gehen verloren

Theorien des Wahlverhaltens

Theorie des rationalen Wählers

- dahinterstehendes Menschenbild: **homo oeconomicus**
- Wahlentscheidung als **Kosten-Nutzen-Kalkulation:** Wahl derjenigen Partei, von der der größte persönliche Vorteil zu erwarten ist; Vergleich der Regierungsarbeit der vergangenen Legislaturperiode mit dem vermuteten Ergebnis der Opposition (Nutzendifferential)
- „**issue-voting**": Orientierung an Sachfragen
- große Bedeutung wirtschaftlicher Rahmenbedingungen und der Person der Politiker
- **Grenzen:**
  - Faktoren, die die Interessen der Wähler beeinflussen, werden nicht berücksichtigt
  - hohe Informationskosten/unvollständige Information im Vorfeld der Wahlentscheidung
  - **Ungewissheit** über das künftige Regierungshandeln und Auswirkung auf persönlichen Nutzen
  - **Wahlparadoxon:** „Schleier der Bedeutungslosigkeit" der eigenen Wahlentscheidung; Warum sollte man überhaupt zur Wahl gehen?
  - Theorie erklärt nicht, warum die Wahlentscheidung auch zugunsten **kleiner Parteien** ausfällt, obwohl diese **keine Chance auf eine Regierungsbeteiligung** haben

Theorie des sozial eingebetteten Wählers

- dahinterstehendes Menschenbild: **homo sociologicus**
- individuelles Wählerverhalten **sozialstrukturell** geprägt (z. B. durch Alter, Konfession, Beruf)
- Wahlverhalten als **Gruppenverhalten:** Gruppenzugehörigkeit begünstigt gleiche Wahl
- stabiles, über längere Zeit konstantes Wahlverhalten
- **Grenzen:**
  - mangelnde Erklärung für Wechselwahl/Nichtwahl
  - Nichtbeachtung von kurzfristigen Einflüssen durch Medien, Wahlkämpfe und Kandidaten

POLITISCHE PARTIZIPATION

Mitgliedschaft und Mitarbeit in Parteien

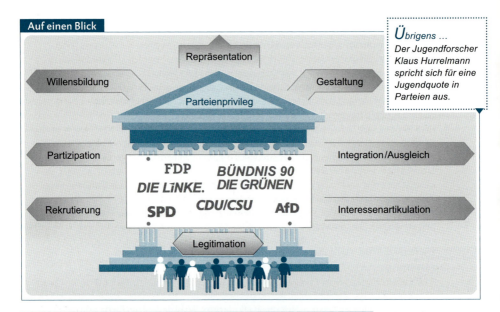

Stellung, Aufgaben und Organisation der Parteien in Deutschland

- politische Parteien als **unverzichtbarer Bestandteil der repräsentativen Demokratie** (Parteiendemokratie) → Partizipation der Bürger durch Wahlen und Parteimitgliedschaft; Anerkennung der Parteien als **verfassungsrechtliche Institution** (Art. 21 GG)
- **Parteienprivileg:** besonderer Schutz → Parteienverbot nur durch das Bundesverfassungsgericht (Voraussetzung: Verfassungswidrigkeit und ausgehende Gefahr für die demokratische Ordnung, „**streitbare Demokratie**"); bisherige Parteienverbote: 1952 SRP, 1956 KPD
- Zentrale Aufgaben von Parteien:
  - **politische Willensbildung**
  - **Interessenartikulation:** Formulieren und Artikulieren öffentlicher Forderungen/Erwartungen
  - **Integrationsfunktion/Ausgleichsfunktion:** Bündelung und Ausgleich verschiedener politischer Interessen
  - **Partizipationsfunktion:** Ermöglichen einer aktiven Teilnahme an der Politik
  - **Rekrutierungsfunktion:** Aufstellen von Bewerbern für Wahlen
  - **Gestaltungsfunktion:** Umsetzen politischer Vorstellungen
  - **Bindeglied zwischen Volk und Staatsorganen** → **Legitimation** des politischen Systems
- **Innerparteiliche Willensbildung:** „innere Demokratie" → Vergabe von Parteiämtern, Kandidatenaufstellung und Programminhalte werden auf Parteitagen oder durch Mitgliederabstimmungen beschlossen
- **Parteienfinanzierung:** Mischfinanzierung aus privaten und staatlichen Mitteln; Ziel: Chancengleichheit; Transparenzpflicht bei größeren Spenden; Spenden > 1 000 Euro aus dem Nicht-EU-Ausland dürfen nicht angenommen werden

POLITISCHE PARTIZIPATION

Mitgliedschaft und Mitarbeit in Parteien

Parteiensystem

- **Parteiensystem:** Gesamtheit aller im politischen System agierenden Parteien und deren Beziehungen zueinander
- **Beschreibung des Beziehungsgeflechts anhand folgender Faktoren**
  - **Format:** Anzahl der Parteien, die an den Wahlen teilnehmen/im Parlament vertreten sind
  - **Fragmentierung:** Anzahl der relevanten Parteien, insbesondere der im Parlament vertretenen Parteien (Grad der Zersplitterung des Parteiensystems)
  - **Dominanz und Asymmetrie:** Differenz der Stimmen-/Mandatsanteile der Großparteien; zentrale Frage: Besteht Chancengleichheit hinsichtlich einer Regierungsbeteiligung?
  - **Volatilität:** Veränderung der Größenrelationen zwischen den Parteien in zwei aufeinanderfolgenden Wahlperioden
  - **Polarisierung:** Verortung der Parteien auf den zentralen Konfliktlinien (cleavages); ideologische/programmatische Distanz zwischen den Parteien
  - **Segmentierung:** Kompromissbereitschaft und Koalitionsfähigkeit zwischen den Parteien
- **Beschreibung des Parteienspektrums** anhand der **kulturellen** (libertär – autoritär) und **ökonomischen** Konfliktlinie (Staatsorientierung/sozialer Ausgleich – Marktorientierung); neue Konfliktlinie: **Globalisierung** (erklärt Erstarken rechtsgerichteter Parteien)
- **Parteiensystem in Deutschland**
  - Mehrparteiensystem (↔ Zweiparteiensystem: z. B. USA; Einparteienstaat: z. B. Nordkorea)
  - Sechsparteiensystem mit CDU/CSU als größte Fraktion neben Bündnis 90/Die Grünen, SPD, FDP, DIE LINKE, AfD
  - **Splitterparteien:** Parteien mit nur geringer Wählerschaft und mit meist speziellem inhaltlichem Zuschnitt: z. B. ÖDP, Bayernpartei, Die Violetten
  - Entwicklungen: **postmaterialistischer Wertewandel**
    → **Erosion der Bedeutung der Volksparteien**; Aufstieg von Bündnis 90/Die Grünen; gleichzeitiges Entstehen/Erstarken der AfD
  - herkömmliche Koalitionen (CDU/CSU – FDP; SPD – Bündnis 90/Die Grünen) nicht mehr regierungsfähig: → Notwendigkeit von „Großen Koalitionen" oder Dreierbündnissen

Entwicklung deutscher Parteien

- massiver **Mitgliederverlust**; sinkende Rekrutierungsfähigkeit des Parteiensystems
- **mangelnde Repräsentation der Bevölkerung:** Parteimitglieder überwiegend männlich, „alt" und hoch qualifiziert
- **geringes Vertrauen in demokratische Institutionen sowie Politikverdrossenheit bei Jugendlichen:** immer mehr Jugendliche zeigen Interesse an Politikinhalten und politischen Aktivitäten (z. B. Onlinepetitionen, Demonstrationen, politisch motivierter Boykott), nicht aber an Parteien und Parteimitgliedschaft
- zentrale Frage: Wie können junge Menschen für die Parteiarbeit gewonnen werden?
- diskutierte Vorschläge: **Abbau von Hierarchien, Mitgliederentscheide** über Sachfragen oder sogar über Koalitionsverträge

POLITISCHE PARTIZIPATION

10 Engagement in Interessenverbänden und Initiativen

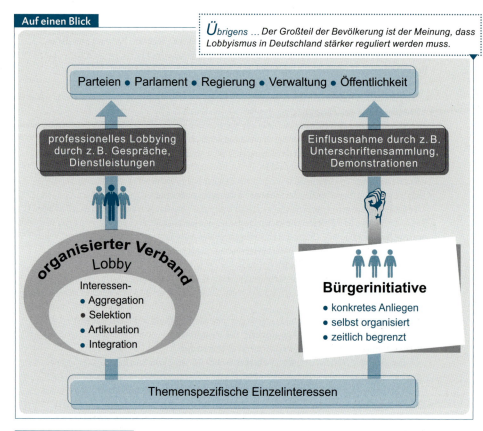

Interessenverbände

- **Art. 9 GG (Vereinigungsfreiheit):** verfassungsrechtlicher Schutz des Zusammenschlusses von Bürgern zu Vereinigungen; Voraussetzung: keine Gefährdung der verfassungsmäßigen Ordnung durch deren Zielsetzung
- **Interessenverband:** dauerhafter Zusammenschluss von Personen mit dem Ziel, gemeinsame Interessen durchzusetzen (themenspezifisch) → Chance zur Durchsetzung partikularer Interessen; Repräsentation der gesellschaftlichen Vielfalt in einer pluralistischen Gesellschaft
- Verbände nach den Parteien **wichtigste Vermittlungsinstanz** zwischen Bevölkerung und Staat
- **Funktionen von Interessenverbänden:**
  - Interessenaggregation, -selektion, -artikulation und -integration
  - Schaffen von Partizipationsmöglichkeiten zwischen den Wahlterminen; Erhöhung der Akzeptanz politischer Entscheidungen durch gesellschaftliche Rückkopplung
  - Stärkung der Problemlösefähigkeit der Politik durch Sachverstand/Expertenwissen

Engagement in Interessenverbänden und Initiativen

Politische Einflussnahme durch Interessenverbände

- **Lobbyismus:** Versuch der Vertreter von Interessengruppen (Lobbyisten), auf Beamte und Abgeordnete Einfluss zu nehmen (engl. „lobby" = Wandelhalle des Parlamentsgebäudes, in der die Lobbyisten das Gespräch mit den Abgeordneten suchen; Begriff meist negativ besetzt)

Adressaten der Einflussnahme

- **Öffentlichkeit:** Öffentlichkeitsarbeit über Presse, Radio und Fernsehen; Bereitstellen von Informationen; Pressekonferenzen/Stellungnahmen zu politischen Entscheidungen und Issues
- **Parteiarbeit:** Nähe zu Parteien; Unterstützung bei Wahlkämpfen → Ziel: Berücksichtigung der Verbandsziele im Parteiprogramm
- **Parlament:** Kontakt zu Abgeordneten; Erwerb von Abgeordnetenmandaten → Besetzung der jeweils themenbezogenen Ausschüsse durch Verbandsmitglieder
- **Regierung und Bürokratie:** Ministerialbürokratie als wichtigster Kontakt für Lobbyisten, da hier Gesetzesentwürfe und Entwürfe für Verordnungen angefertigt werden → Einfluss bereits im Prozess des Agendasettings (vgl. Politikzyklus; Hinweis: Die Mitwirkung von Interessenverbänden ist in den Geschäftsordnungen von Bundestag und Bundesregierung explizit vorgesehen, da sie über Expertenwissen verfügen.)
- **EU:** Einwirken europäischer Dachverbände auf die Entscheidungsprozesse in der EU

Kritik

- **unterschiedliche Durchsetzungskraft:** Einfluss der Verbände abhängig von der Mitgliederzahl, dem Organisationsgrad, der finanziellen Ausstattung sowie den Beziehungen
  → **Benachteiligung einzelner gesellschaftlicher Gruppen**, die sich nicht oder nur schwer organisieren können (z. B. Kinder, alte Menschen, Hausfrauen)
- **Intransparenz politischer Entscheidungen:** (undurchsichtige) Einflussnahme organisierter Interessengruppen auf Exekutive und Legislative zur Durchsetzung von Sonderinteressen
  → sinkende Akzeptanz demokratisch legitimierter Entscheidungen bei den Bürgern
- **Dominanz der Interessen einflussreicher Verbandsfunktionäre:** innere Ordnung von Verbänden ist oft nur formal demokratisch, sodass mächtige Funktionäre unter Umständen in erster Linie ihre Einzelinteressen verfolgen (↔ Parteien)
- **Blockade notwendiger politischer Reformen:** zukunftsweisende politische Entscheidungen, die nicht den Interessen mächtiger Verbände entsprechen, werden von diesen be- oder gar verhindert (z. B. Reformen, die die Automobilindustrie oder den Gesundheitssektor betreffen)

Bürgerinitiativen und soziale Bewegungen

- **Bürgerinitiative:** breit angelegte Form der Selbstorganisation von Bürgern; zeitlich begrenzt zur Ausübung öffentlichen Drucks (informelle Macht) auf politische Entscheidungsträger in konkreten Angelegenheiten; meist auf kommunaler Ebene (aber auch national/europaweit)
- **Problem:** Benachteiligung weniger privilegierter Bevölkerungsschichten; Teilnehmer überwiegend gut ausgebildet und wohlhabend
- **(Neue) Soziale Bewegungen:** heterogene Zusammenschlüsse von Menschen mit Interesse an gesellschaftlicher Veränderung in einem bestimmten Bereich (z. B. Umweltbewegung)

POLITISCHE PARTIZIPATION

12 Direktdemokratische Elemente

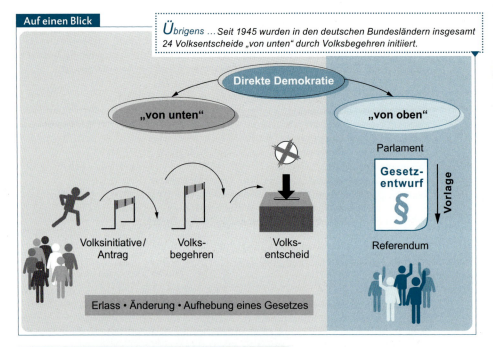

Direktdemokratische Partizipationsmöglichkeiten

- auf Bundesebene: Volksentscheid nur im Fall einer Neugliederung des Bundesgebiets
- direktdemokratische Elemente **auf Länder- (und auch auf Kommunal-)ebene**; es gelten landesspezifische Regelungen:
  - **Volksinitiative:** bei Erreichen einer bestimmten Zahl an Unterschriften kann ein bestimmtes Thema dem Parlament zur Befassung vorgelegt werden; Anhörungsrecht der Initiatoren
  - **Volksbegehren:** Gesetzesinitiative durch das Volk; bei Erreichen einer bestimmten Zahl an Unterschriften kann ein Volksentscheid über Erlass/Änderung/Aufhebung eines Gesetzes beantragt werden; ein ausgearbeiteter Gesetzesentwurf muss vorliegen (Unterstützung von 10 % der Wahlberechtigten notwendig)
  - **Volksentscheid:** Entscheidung des Volkes/der Bürger über einen Gesetzesentwurf (aus dem Volksbegehren), wenn er vom Landtag so nicht angenommen wird
  - **Referendum/Plebiszit:** Volksabstimmung über ein bereits ausgearbeitetes Gesetz (nachträgliche Bestätigung/Ablehnung); auf Antrag der Regierung/des Parlaments oder eines bestimmten Quorums der Stimmberechtigten
  - **Volksbefragung**: i. d. R. durch Parlament oder Regierung initiiert; möglich ist aber auch eine volksinitiierende Befragung (Volksenquete) → keine rechtlich verbindliche Entscheidung, aber „höchste politische Verbindlichkeit"

Direktdemokratische Elemente

Pro und Contra direktdemokratischer Elemente

- **Pro:** z. B.
  - hohe Transparenz und Akzeptanz von Entscheidungen
  - Repräsentation des Mehrheitswillens
  - Ermutigung zu Engagement
  - hohe Identifikation mit dem politischen System
- **Contra:** z. B.
  - fehlender Sachverstand in der Bevölkerung
  - fehlender Minderheitenschutz
  - Bevorteilung einflussreicher Gruppen (höhere Mobilisierung)
  - keine Kompromissentscheidungen
  - schwere Durchsetzbarkeit unangenehmer, aber dringend notwendiger Gesetze
  - Einfluss aktueller Stimmungslagen auf die Entscheidung

Direkte Demokratie in der EU: Die Europäische Bürgerinitiative

- **Europäische Bürgerinitiative:** Möglichkeit, **Gesetzesvorschläge in den Bereichen anzuregen**, in denen die Europäische Kommission ein Initiativrecht hat, z. B. in den Bereichen Umwelt, Verkehr und Handel (nötig: mind. eine Million Unterschriften aus sieben EU-Staaten, wobei für jedes Land eine Mindestanzahl gilt)
  - → **Handlungsaufforderung** für die EU-Kommission; EU-Volksbegehren
- bei ausreichend Unterschriften in maximal zwölf Monaten muss die Kommission innerhalb von drei Monaten auf die Initiative **reagieren** → formelle und begründete Antwort ist ausreichend, ein Gesetzgebungsverfahren muss die Kommission nicht zwingend einleiten

Exkurs: Weitere Partizipationsmöglichkeiten auf europäischer Ebene

- **Wahl der Mitglieder des Europäischen Parlaments** (Wahlturnus 5 Jahre): Listenwahl; Aufstellen der Kandidaten durch nationale Parteien (die wiederum sind jeweils Mitglied einer europäischen Partei ähnlicher Ausrichtung → europäische „Parteifamilien"); geringe Bedeutung europäischer Parteien im Bewusstsein der Wähler
- **Direktkontakt zu Europaabgeordneten** (Bürgersprechstunden in den Wahlkreisbüros)
- **Bürgeranfragen** beim Europäischen Parlament (z. B. elektronischer Briefkasten)
- **Petitionen** an das Europäische Parlament (häufige Themen: Umweltschutz, soziale Sicherheit und Bereiche der Steuerharmonisierung in der EU)
- organisierte **Lobbyarbeit: Einflussnahme und Monitoring** (Beobachten der europäischen Politik)

14 Entwicklung politischer Teilhabe (eA)

Allgemeine Trends

- **sinkende Wahlbeteiligung**, zunehmende **Politikverdrossenheit**, wachsende **Unzufriedenheit** mit den Politikergebnissen; aber: **gesteigertes Interesse** an Beteiligung und Engagement
- **„Partizipatorische Revolution"**: Starke Ausweitung des Repertoires der Beteiligungsformen → **nicht-institutionalisierte Beteiligungsformen** wie Kontakt zu Politikern, Unterschriftensammlungen, Demonstrationen sind von zunehmend stärkerer Bedeutung
- **Bildungsgefälle** über alle politischen Beteiligungsformen hinweg (Überrepräsentation von Menschen mit Hochschulbildung; „sozial induzierte Ungleichheit")
- **erleichterte Beteiligungsmöglichkeiten** durch die „Neuen Medien"

Wahlbeteiligung

- Wahlbeteiligung = **Anteil der Wahlberechtigten**, die von ihrem **Wahlrecht Gebrauch** machen; auch die Abgabe ungültiger Wahlzettel wird als Beteiligung an der Wahl gewertet
- bei **Bundestagswahlen relativ hohe Wahlbeteiligung:** Bundestagswahl 2017: 76,2 %
- bei den Wahlen zum Europäischen Parlament liegt seit der ersten Wahl 1979 die Wahlbeteiligung zwischen 43,0 % (2004) und 65,7 % (1979); Europawahl 2019: 61,4 %
- Beteiligung an den **Landtagswahlen in Deutschland:** im Durchschnitt 65,4 %; Beteiligung bei der letzten Landtagswahl in Niedersachsen (2017) 63,1 %

Entwicklung politischer Teilhabe (eA)

- **allgemeine/gesamteuropäische Trends:** sinkende Wahlbeteiligung, starke Wahlhierarchisierung (höhere Wahlbeteiligung an nationalen Wahlen), zunehmend sozial ungleiche Wahlbeteiligung (Unterrepräsentation der Interessen sozial schwächerer Gesellschaftsgruppen) → **Repräsentations- und Legitimationskrise der repräsentativen Demokratie?**
- **Gründe für sinkende Wahlbeteiligung:**
  - Parteien- und Politikverdrossenheit
  - soziale und ökonomische Unzufriedenheit (Protest-Nichtwahl statt Protestwahl)
  - geringes Vertrauen in die staatliche Souveränität und die Wirksamkeit der Stimmabgabe
  - mangelnde Unterscheidbarkeit des Angebots v. a. der Volksparteien
  - Entfremdung der Politik von den Wählern
  - undurchsichtiger Einfluss von Lobbyisten und internationalen Organisationen auf Politiker/politische Entscheidungsträger
- **wenig Jungwähler:** Jungwähler sind unterrepräsentiert; demografiebedingt („Überalterung" der Gesellschaft), aber auch geringere Wahlbeteiligung im Vergleich zur Gesamtbevölkerung (Bundestagswahl 2017: Wahlbeteiligung insgesamt 76,2 %; Wahlbeteiligung der 18- bis 24-Jährigen 68,5 %)
- Diskussion über die Einführung einer **Wahlpflicht**

Parteiarbeit/Mitarbeit in Bürgerinitiativen

- **langfristige Trends:** Mitgliederverlust bei allen im Bundestag vertretenen Parteien, außer Bündnis 90/Die Grünen und AfD; seit 1990 hat sich die Zahl der Mitglieder parteiübergreifend knapp halbiert
- **Mitgliederverluste** seit 1990 bis Ende 2019: Die Linke 78 % (gegenüber PDS Ende 1990); FDP 61 %, SPD 56 %, CDU 49 % und CSU 26 %.; **Mitgliedergewinn:** Bündnis 90/Die Grünen 134 %, AfD (seit Gründung 2013) 50 %
- **Mitarbeit in Bürgerinitiativen:** Engagement weitgehend konstant

Weitere Formen der Partizipation außerhalb politischer Institutionen

- **Unterschriftensammlung:** häufigste Form politischer Teilhabe außerhalb politischer Institutionen; Zunahme im Zeitraum von 2003 bis 2016 um 8 Prozentpunkte
- **Kontaktaufnahme zu Politikern:** leichte Zunahme gegenüber 2003
- **Demonstrationen:** ähnliches Niveau wie 2003; stärkere Teilnahme der jüngeren Generation (unter 30 Jahre)

Beurteilungskriterien unterschiedlicher Partizipationsformen

- **Repräsentativität:** Wird die gesamte Bevölkerung in demografischer (z. B. Alter, Geschlecht, Region) und sozialer (z. B. Bildungsabschluss, Einkommen, Religion) Hinsicht ausreichend repräsentiert?
- **Erfolgschancen:** Wird diese Form der Partizipation wahrgenommen? Kann tatsächlich Einfluss ausgeübt werden?
- **gesellschaftliches Integrationspotenzial:** Inwieweit werden einzelne Bevölkerungsgruppen in den politischen Prozess eingebunden?

POLITISCHE PARTIZIPATION

16 Medien in der Demokratie

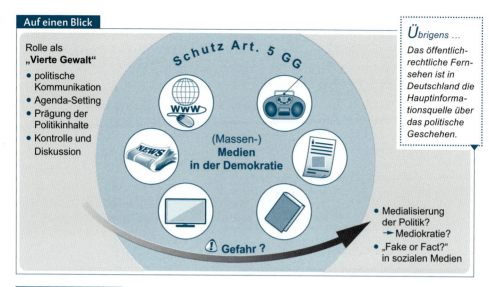

Auf einen Blick

Rolle als „Vierte Gewalt"
- politische Kommunikation
- Agenda-Setting
- Prägung der Politikinhalte
- Kontrolle und Diskussion

Schutz Art. 5 GG

(Massen-)Medien in der Demokratie

⚠ Gefahr?

- Medialisierung der Politik?
  → Mediokratie?
- „Fake or Fact?" in sozialen Medien

Übrigens ...
Das öffentlich-rechtliche Fernsehen ist in Deutschland die Hauptinformationsquelle über das politische Geschehen.

(Massen-)Medien

- **verfassungsrechtliche Stellung der Medien** (Presse, Hörfunk, Fernsehen, Bücher, Flugblätter, soziale Medien/Internet): **Meinungs- und Informationsfreiheit** (Art. 5 GG)
  → **Verbot der Zensur** (Schranke: Jugendschutz, Verletzung der persönlichen Ehre)
- Funktionen der Medien im politischen Prozess:
  - **„Mittler"-Funktion:** Mittler zwischen Bürgern, Gesellschaft, Wirtschaft und der Politik
  - **Informationsfunktion:** Informationsbeschaffung und -darbietung
  - **Diskurs-/Meinungsbildungsfunktion:** Plattform für Diskussionen
  - **Kritik-/Meinungsäußerungsfunktion:** öffentliche Stellungnahmen
  - **Filterfunktion:** Nachrichtenauswahl
  - **Enthüllungsfunktion:** Aufdecken von Missständen (investigativer Journalismus)
  - **Kommunikationsfunktion:** Verbreitung von Parteiprogrammen und -positionen

Rolle der Massenmedien als „Vierte Gewalt"

- **politische Kommunikation** zwischen Bürgern und Politik größtenteils über **Massenmedien**
- **Agenda-Setting:** Bestimmung der **politischen Relevanz** von Positionen und Meinungen
- Prägung der **Politikinhalte** und der **Art und Weise**, wie Politik dargestellt und gemacht wird
- **Medialisierung:** Institutionalisierung von Medienregeln im politischen System → überspitzt: Medien vermitteln/erschaffen eine eigene politische und soziale Realität
- sozialwissenschaftlicher Begriff der **„Mediokratie"** (= Medienherrschaft; negativ besetzt → Vorrang der medialen Inszenierung vor sachgerechter Erörterung von Problemen)
- aber: **Wirkung der Massenmedien** (Sender) abhängig vom **Empfänger** und dessen Informationsstand/Urteilsvermögen → Förderung u. a. Aufgabe der politischen Bildung

POLITISCHE PARTIZIPATION

Medien in der Demokratie

Organisation und Entwicklung der Medienlandschaft (eA)

- **„duale Rundfunkordnung":**
  - öffentlich-rechtliche Rundfunkanstalten (Finanzierung über Beiträge; z. B. ARD, ZDF) und private Hörfunk- und Fernsehanbieter (Finanzierung vorwiegend über Werbung)
  - 14 Landesmedienanstalten: Überwachung der Ausgewogenheit der Programme der privaten Anbieter und Entscheidung über Neuzulassungen
- **privatwirtschaftliche Organisation der Presse** (Finanzierung über Vertrieb und Anzeigen)
- **digitale Macht privater Internetkonzerne** (z. B. Google, Apple, Facebook, Amazon), die auch **eigene Inhalte** produzieren
- zunehmende **Konzentration** im privaten Mediensektor:
  - **horizontal:** Zusammenschlüsse innerhalb eines Marktes (z. B. Fusion von zwei Zeitungen; regionale Zeitungsmonopole)
  - **vertikal:** Zusammenschlüsse von Unternehmen auf vor- oder nachgelagerten Märkten (z. B. Filmstudio kauft Verbreitungskanäle und Fernsehsender)
  - **diagonal:** Zusammenschluss von Medienunternehmen verschiedener Märkte (z. B. einem Unternehmen gehören Zeitungen, Radiostationen, Fernsehsender)
- Problem einer publizistischen Konzentration mit großer Reichweite: Gefahr für die Demokratie aufgrund der möglichen **Meinungsdominanz eines Anbieters**

Digitale Partizipation „Web 2.0"

- **„Web 2.0":** Internetanwendung, die **Interaktivität** ermöglicht → Internet als Plattform („vernetzte Viele")
- neue politische Informations- und Partizipationsmöglichkeiten durch soziale Medien, Podcasts und Blogs:
  - Nutzer als **Content Provider:** Verbreitung von (eigenen) Inhalten auf sozialen Netzwerken
  - Möglichkeit der **direkten Kommunikation** mit politischen Akteuren
  - **Bedeutungsverlust der klassischen Medien** als Übermittler von Informationen
- Chancen:
  - **politische Mobilisierung vieler** zur Durchsetzung von Bürgerinteressen
  - **Enthüllungen**
  - **direkter Kontakt** mit politischen Akteuren in Diskussionsforen (Bürgernähe)
- Risiken:
  - **Filterblase**/Echokammern: **vorgefilterte Informationen** durch Algorithmen, die die Suchergebnisse/Inhalte dem Nutzerverhalten/den Nutzerinteressen entsprechend individuell auswählen → **„Isolation" des Nutzers:** Nutzer findet nur Beiträge, die ähnliche Meinung vertreten
  - **mangelnde Qualitätssicherung** der Informationen (mögliche Verbreitung von **Fake News**)
  - **„digitale Spaltung":** Beteiligung v. a. von jüngeren Menschen mit hohem Bildungsstand und gutem Einkommen (eingeschränkte Repräsentation allgemeiner Interessen)

POLITISCHE PARTIZIPATION

18 Soziale Marktwirtschaft

Auf einen Blick

Begriffsabgrenzung

- **Wirtschaftssystem:** theoretisches Konstrukt; in der Theorie zwei „Reinformen":
  - **freie Marktwirtschaft:** individualistisches System; Marktmechanismus; Koordination von Angebot und Nachfrage durch den Preis als „unsichtbare Hand des Marktes" (Adam Smith)
  - **Planwirtschaft/Zentralverwaltungswirtschaft:** kollektivistisches System; staatliche Koordination, vor allem des Angebots; staatliche Preisfestlegung
- **Wirtschaftsordnung:** Gesamtheit der **realen Rahmenbedingungen** (Rechtsnormen, Institutionen) für wirtschaftliches Handeln in einer Volkswirtschaft
- „Reinformen" existieren real nicht, es überwiegen Elemente eines Wirtschaftssystems: z. B.
  - Planwirtschaft: bis 1990 dominierend in den meisten **sozialistischen/kommunistischen Staaten** im Einflussgebiet der ehemaligen Sowjetunion und **China**; noch heute in **Nordkorea**
  - freie Marktwirtschaft: dominierend in der Wirtschaftsordnung der **USA**
- **Kritik an der Planwirtschaft:** Bedürfnisse sind nicht langfristig planbar → Mängel in der Güterversorgung; Schwarzmarkt; Unwirtschaftlichkeit; Fehlproduktion; mangelnde Anreize; wenig Innovation mangels Wettbewerb
- **Kritik an freier Marktwirtschaft:** Leistungsprinzip sorgt für soziale Härten; keine sozialen Mindeststandards; mögliche Ausschaltung des Wettbewerbs durch Kartellbildung
- **Wirtschaftsordnung in Deutschland:** nach dem Zweiten Weltkrieg Entscheidung für ein marktwirtschaftliches System mit sozialen Rahmenbedingungen: **Soziale Marktwirtschaft**

SOZIALE MARKTWIRTSCHAFT

Soziale Marktwirtschaft

Der „dritte" Weg

Bestimmungen des Grundgesetzes

- im Grundgesetz zwar keine konkrete Wirtschaftsordnung benannt, allerdings Tendenz zur **Marktwirtschaft mit freiem Wettbewerb** erkennbar
- **relevante Grundrechte** für diese Interpretation: v. a. Art. 9 (Vereinigungsfreiheit), Art. 11 (Freizügigkeit), Art. 12 (Berufsfreiheit), Art. 14 (Privateigentum)
- ABER: Zusatzforderung im Grundgesetz: **sozialer Ausgleich** und **Nachhaltigkeit**
  - Art. 14: Sozialpflichtigkeit des Eigentums
  - Art. 20/Art. 28: Bundesrepublik als sozialer Bundes- und Rechtsstaat (Sozialstaatsprinzip)
  - Art. 20a: Schutz der natürlichen Lebensgrundlagen und der Tiere
  - Art. 72: gleichwertige Lebensverhältnisse im Bundesgebiet
  - → Verwirklichung dieser Forderungen durch die **Soziale Marktwirtschaft**

Soziale Marktwirtschaft

- benannt und geprägt von Müller-Armack (u. a. Leiter der Grundsatzabteilung des Wirtschaftsministeriums); umgesetzt von Ludwig Erhard (Wirtschaftsminister, Bundeskanzler 1963–1966)
- **Definition:** Verbindung der Freiheit auf dem Markt mit dem Prinzip des sozialen Ausgleichs im Rahmen einer Wettbewerbswirtschaft
- **Ziele:**
  - gesellschaftspolitisch: Freiheit, Gerechtigkeit, Sicherheit **(Grundwerte der Sozialen Marktwirtschaft)**
  - wirtschaftspolitisch: fixiert im Stabilitätsgesetz → **Magisches Viereck** (siehe S. 24 ff.)
- Rolle des Staates: **aktiver Staat** als Garant für Wohlstand und Sicherheit (keine Reduzierung auf sog. „Nachtwächterstaat")
- **Aufgaben des Staates:** u. a. Garantie des Eigentums an Produktionsmitteln, Sicherung des Wettbewerbs, Konjunktur- und Wachstumspolitik, Umverteilung und soziale Sicherung, Erhalt einer lebenswerten Umwelt

Prinzipien der Sozialen Marktwirtschaft

- **Eigentumsprinzip:** Grundlage wirtschaftlicher Freiheiten; Recht auf Privateigentum an Konsumgütern und Produktionsmitteln; Recht, aus Eigentum Nutzen zu erzielen
- **Haftungsprinzip:** Eigenverantwortung; Verantwortung für wirtschaftlichen Misserfolg
- **Wettbewerbsprinzip:** freie Konkurrenz der Unternehmen um die Nachfrage; Wettbewerbsordnung/staatliche Sicherung des Wettbewerbs (z. B. durch Verhindern von Wettbewerbsverzerrungen infolge von Kartellbildung)
- **Sozialprinzip:** soziale Sicherung (z. B. durch die Sozialversicherung); Sozialtransfers bei Bedürftigkeit (z. B. Hartz IV); aber: Forderung nach Eigeninitiative und Eigenverantwortung
- **Marktkonformitätsprinzip:** möglichst keine Eingriffe des Staates in das Marktgeschehen; Vorrang von Maßnahmen, die den **Markt nicht stören**; Vertragsfreiheit; freie Preisbildung auf dem Markt (→ Spannungsverhältnis zwischen Marktkonformitäts- und Sozialprinzip)
- Grundprinzipien Eigentums- und Haftungsprinzip werden flankiert durch Prinzipien, die sich auf **Umfang und Form staatlicher Eingriffe** beziehen

SOZIALE MARKTWIRTSCHAFT

Markt und Staat

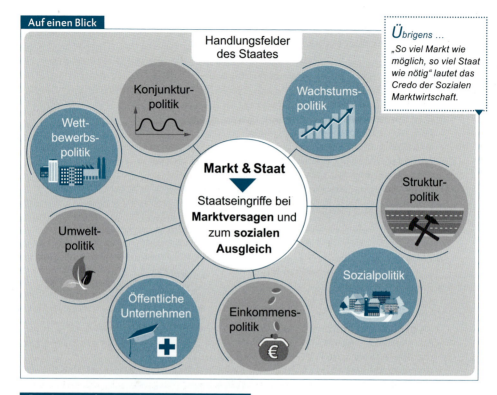

Der Staat in der Sozialen Marktwirtschaft

- **Aufgabe des Staates:** Schaffen eines **Ordnungsrahmens** (Ordnungspolitik) → Gesetze, Regeln und Institutionen, die den Rahmen für eine Marktwirtschaft vorgeben („Spielregeln"); langfristige Planungsgrundlage
- **Rolle des Staates:** Zurückhaltung; Eingreifen nur, wenn **Marktversagen** droht und zur **Unterstützung** der Schwächeren der Gesellschaft (soziale Sicherheit/Gerechtigkeit)

Zentrale Handlungsfelder staatlicher Eingriffe

Sicherung des Wettbewerbs/Wettbewerbspolitik

- Funktionen des Wettbewerbs: u. a. Innovations-, Allokations-, Marktausgleichsfunktion
- Herstellung und Erhalt eines „echten" Wettbewerbs als ordnungspolitische Aufgabe → **Wettbewerbsschutz:** z. B. Befugnisse zur Wettbewerbsaufsicht durch die Kartellbehörde; Kartellgesetz → Fusionskontrolle, Verhindern von Kartell- und Monopolbildung
- **Verbraucherschutzpolitik** als ordnungspolitische Antwort auf Marktversagen: z. B. Informationspflichten, Vertragsrecht (AGBs, Widerrufsmöglichkeiten, Gewährleistungsrecht)

 SOZIALE MARKTWIRTSCHAFT

Markt und Staat 21

Konjunkturpolitik
siehe S. 23

Wachstumspolitik
siehe S. 23

Strukturpolitik
siehe S. 23

Sozialpolitik/Soziale Sicherung

- Sozialpolitik nach dem **Subsidiaritätsprinzip**: der Staat greift ein, wo sich die Menschen nicht mehr selbst helfen können, und gibt „Hilfe zur Selbsthilfe" (z. B. Hartz IV)
- System der Sozialversicherungen zur **Absicherung gegen Lebensrisiken**
- **Arbeitsschutzbestimmungen:** z. B. Kündigungsschutzgesetz, Arbeitszeitgesetz
- **Arbeitnehmerstärkung:** Freiheit, Tarifverhandlungen zu führen und Betriebsräte zu gründen

Einkommenspolitik

- Umverteilung durch **Steuerprogression**
- Berücksichtigung der sozialen Verhältnisse durch **Steuerklassen**
- Unterstützung des Vermögensaufbaus durch **staatliche Leistungen:** Spar-, Bausparförderung

Öffentliche Unternehmen

- Bereitstellung „**öffentlicher Güter**", die nicht privatwirtschaftlich angeboten werden, da unter den Bedingungen der **Nichtrivalität** und **Nichtausschließbarkeit** keine Zahlungsbereitschaft besteht; z. B. Hochwasserschutz, Straßenbeleuchtung
- Bereitstellung „**meritorischer Güter**", die aufgrund ihrer gesellschaftlichen, politischen oder gesamtwirtschaftlichen Relevanz vom Staat zur Verfügung gestellt oder subventioniert werden (z. B. Schulen, Krankenhäuser, schnelle Internetanschlüsse)

Umweltpolitik

- Auflagen und Verbote
- **Internalisierung** externer **Kosten** nach dem **Verursacherprinzip** → Setzen ökonomischer Anreize für die Wirtschaftssubjekte, die Kosten zu minimieren, durch:
  - **Lenkungssteuern** (z. B. Ökosteuer)
  - **Emissionshandel:** Ausgabe von Emissions-Zertifikaten an die Unternehmen; jede Tonne CO_2-Ausstoß muss abgedeckt sein; Kauf und Verkauf dieser Rechte von einzelnen Unternehmen
- **Subventionierung** erwünschten Verhaltens
- **Verhaltenssteuerung** durch z. B. Erziehung, Vorbildfunktion, Selbstverpflichtung, Informationspolitik, „Nudges" (Anstupser)

SOZIALE MARKTWIRTSCHAFT

Wirtschaftspolitik

Auf einen Blick

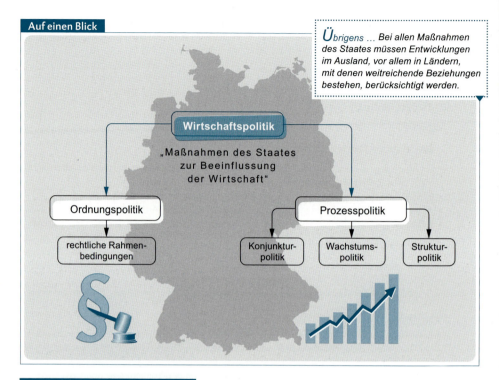

Übrigens ... Bei allen Maßnahmen des Staates müssen Entwicklungen im Ausland, vor allem in Ländern, mit denen weitreichende Beziehungen bestehen, berücksichtigt werden.

Bereiche der Wirtschaftspolitik

- Wirkung von **Wirtschaftspolitik:** Einflussnahme des Staates auf das „Wirtschaften", also das Bereitstellen von Gütern unter Knappheit
- Berücksichtigung von **Entwicklungen im Ausland** aufgrund weltweiter Verflechtungen (z. B. Ex-/Import) wichtig
- Unterteilung in Ordnungs- und Prozesspolitik
- **Ordnungspolitik:** bezieht sich auf Rahmenbedingungen (Wirtschaftsordnung eines Landes)
- **Prozesspolitik:** nimmt direkt Einfluss auf Wirtschaftsprozesse und wird unterteilt in
  – Konjunkturpolitik
  – Wachstumspolitik
  – Strukturpolitik

Maßnahmen der Ordnungspolitik

- **Maßnahmen:** Gesetze, Regeln und Institutionen, die den Rahmen für eine Marktwirtschaft vorgeben
- **Zielsetzung** in Deutschland: **freier Markt** und **sozialer Ausgleich** (Soziale Marktwirtschaft)

 SOZIALE MARKTWIRTSCHAFT

- **anerkannte Maßnahmen/Institutionen** aus ordnungspolitischer Sicht:
  - **Wettbewerbsschutz:** z. B. Befugnisse zur Wettbewerbsaufsicht durch die Kartellbehörde
  - Sozialpolitik nach dem **Subsidiaritätsprinzip**
  - **Arbeitnehmerstärkung**
  - **unabhängige Notenbank**

Maßnahmen der Prozesspolitik

Konjunkturpolitik

- **Ziel:** Vermeidung von **Konjunkturschwankungen** (Rezession, Inflation)
- Anwendung fiskalpolitischer und geldpolitischer Maßnahmen
- Beispiele für **fiskalpolitische Instrumente:**
  - Erhöhung der Staatsnachfrage (mehr staatliche Investitionen)
  - Setzen von Anreizen für private Konsum- oder Investitionsnachfrage (z. B. Steuersenkungen)
- Beispiele für **geldpolitische Instrumente:**
  - Veränderung der Geldmenge
  - Veränderung der Zinssätze
  - → durch eine Erhöhung/Senkung der Geldmenge bzw. eine Erhöhung/Senkung der Zinssätze wird auf das Ausgabeverhalten der Haushalte Einfluss genommen; wer mehr Geld zur Verfügung hat bzw. sich billig Geld leihen kann und wenig Zinsen auf Ersparnisse bekommt, neigt vermehrt zum Konsum

Wachstumspolitik

- **Ziel:** positive Beeinflussung des **Pro-Kopf-Bruttoinlandsprodukts**
- Ausrichtung der Maßnahmen auf Faktoren, **die positive Wachstumsbedingungen** erzeugen
- Beispiele:
  - stabiles politisches System
  - flexibler Arbeitsmarkt
  - angemessener sozialer Ausgleich
  - solide Staatshaushalte

Strukturpolitik

- umfasst regionale und sektorale Maßnahmen
- Ziel der **regionalen Strukturpolitik:** Verringerung der Nachteile ländlicher Gebiete (z. B. Ausbau von Infrastruktur, Schaffung von Investitionsanreizen, Subventionen)
- Ziel der **sektoralen Strukturpolitik:** Strukturwandel soll sozial aufgefangen werden (z. B. Subventionen für absterbende Industriezweige)
  - → Unterscheidung zwischen nachsorgender Strukturpolitik (z. B. Subventionen für Bereiche, denen es schlecht geht) und vorausschauender Strukturpolitik (z. B. Förderungen für zukunftsträchtige Bereiche, Forschungssubventionen)

Wirtschaftspolitische Ziele

Auf einen Blick

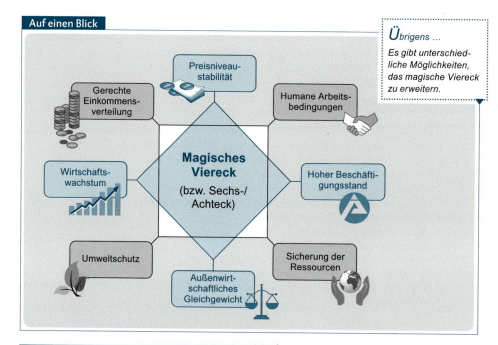

Übrigens ... Es gibt unterschiedliche Möglichkeiten, das magische Viereck zu erweitern.

Stabilitäts- und Wachstumsgesetz (StabG, 1967)

- fasst die wirtschaftspolitischen Ziele der **Sozialen Marktwirtschaft** zusammen
- **Hintergrund:** „Überhitzung" der Wirtschaft (1965/1966) → **starke Preissteigerungen** → Forderung nach einer **aktiven Wirtschaftspolitik**
- **Zielsetzungen:** Wirtschaftswachstum, stabiles Preisniveau, hoher Beschäftigungsstand, außenwirtschaftliches Gleichgewicht → **Magisches Viereck**

Stetiges und angemessenes Wirtschaftswachstum

- **Grundannahme:** ökonomisches Wachstum verbessert menschliche Lebensbedingungen
- wichtigste Maßzahl: **Bruttoinlandsprodukt (BIP)** (siehe auch S. 28 f.)
  - **Definition: Summe aller Marktpreise** der in einem bestimmten Zeitraum (meistens ein Jahr) in einem Land **für den Endverbrauch** produzierten Waren und Dienstleistungen
  - BIP folgt dem **Inlandskonzept:** Wert der wirtschaftlichen Vorgänge innerhalb der Landesgrenzen unabhängig von der Nationalität der Handelnden
  - mögliche **Differenzierung: räumlich** (z. B. Bundesländer), **zeitlich** (z. B. Jahre), **sektoral** (z. B. Wirtschaftssektoren), **in Bezug zur Bevölkerungszahl** (z. B. BIP pro Kopf)
  - Unterscheidung von **nominalem** und **realem** (preisbereinigtem) **Wachstum**
- politisch erwünscht: Wachstum von **mind. 2 %** des realen BIP („Beschäftigungsschwelle", darunter i. d. R. keine Effekte auf dem Arbeitsmarkt)

SOZIALE MARKTWIRTSCHAFT

Wirtschaftspolitische Ziele

Preisniveaustabilität

- **Preisfunktionen:**
  - Signal-/Indikatorfunktion: Preise zeigen Knappheit an
  - Allokationsfunktion: Produktionsfaktoren werden auf Märkte mit höchstem Preis gelenkt
  - Selektionsfunktion: Wegfall von Unternehmen/Kunden, die sich den Preisen nicht anpassen
  - Messfunktion: Vergleichbarkeit durch Preise
- **Ziel:** Verhinderung von Inflation und Deflation; **konstante Kaufkraft**

Inflation

- **Definition:** Prozess, bei dem die Preise steigen und Kaufkraft verloren geht
- **Grenzwert der EZB:** Preisniveausteigerung von 2 %
- **Inflationstypen:**
  - geldmengeninduzierte Inflation: Erhöhung der Geldmenge z. B. durch den Staat bei gleichbleibendem Güterangebot
  - angebotsinduzierte Inflation: Preissteigerungen der Unternehmen z. B. aufgrund steigender Kosten oder fehlenden Wettbewerbs → Problem: zusätzliche Erhöhung der Löhne (z. B. durch Gewerkschaftsverhandlungen) → **Lohn-Preis-Spirale**
  - nachfrageinduzierte Inflation: Preissteigerungen aufgrund stark erhöhter Nachfrage
  - importierte Inflation: Übertragung aus dem Ausland, z. B. durch erhöhte Rohstoffpreise
  - gefühlte Inflation: Verbraucher können eine Inflation anders empfinden, als sie gemessen wird
- **Folgen der Inflation:** Störung der Signalfunktion von Preisen, Fehlallokation der Ressourcen
  - **Beispiele für Verlierer:** Sparer, Bezieher fester Einkommen, Gläubiger, Importeure
  - **Beispiele für Gewinner:** Eigentümer (z. B. Immobilien), Schuldner (z. B. Staat als Schuldner)

Deflation

- **Definition:** Prozess, bei dem die Preise sinken und die Kaufkraft zunimmt
- **Folgen der Deflation:** Verschiebung von Investitions- und Kaufentscheidungen in die Zukunft (Hoffnung auf weiter sinkende Preise) → sinkende Kapazitätsauslastung → mehr Unternehmensinsolvenzen → Entlassungen

Preisniveau

- **Berechnung:** Ermittlung eines Verbraucherpreisindex **(VPI)** auf Grundlage eines **Warenkorbs** (typische Waren und Dienstleistungen, die ein durchschnittlicher Haushalt nutzt) und eines **Wägungsschemas** (Gewichtung der Warengruppen) → in der EU wird zu Vergleichszwecken ein Harmonisierter Verbraucherpreisindex (HVPI) mit einheitlichen Methoden erhoben
- **Beispiel:** Preisindex von 103 → Teuerungsrate von 3 % gegenüber Basisjahr

EZB als „Hüterin der Währung"

Leitzins als zentrales Instrument der Geldpolitik:
- bei inflationärer Entwicklung: **Erhöhung des Leitzinses** („sich Geld leihen wird teurer") → Nachfrage nach Waren und Dienstleistungen geht zurück; Preise steigen nicht weiter
- bei deflationärer Entwicklung: **Senkung des Leitzinses** („sich Geld leihen wird billiger") → Nachfrage nach Waren und Dienstleistungen steigt, Preise steigen

SOZIALE MARKTWIRTSCHAFT

Wirtschaftspolitische Ziele

Hoher Beschäftigungsstand

- **Grundannahme:** hohe Beschäftigung und damit niedrige Arbeitslosigkeit wirken sich positiv auf die Wirtschaft und die Lebensbedingungen der Menschen aus
- **Definition von Arbeitslosigkeit nach der Bundesagentur für Arbeit (BA):**
  - arbeitslos gemeldete, in Deutschland lebende Personen zwischen 15 und 65 bzw. 67 Jahren, die gar nicht oder maximal 15 Stunden arbeiten und sich bemühen, eine Arbeit zu finden (keine Studierenden) → Erhebung durch **Registrierung bei BA**
  - **Personen, die nicht erfasst werden:** Teilnehmer arbeitsmarktpolitischer Maßnahmen, nicht arbeitslos gemeldete Personen (**„Stille Reserve"**), arbeitsunfähige Personen, Aufstocker (ALG II zusätzlich zur Arbeit)
- **Berechnung von Arbeitslosigkeit:**

$$\text{Arbeitslosenquote} = \frac{\text{registrierte Arbeitslose}}{\text{Erwerbstätige} + \text{registrierte Arbeitslose}} \cdot 100\,\%$$

- **Typen von Arbeitslosigkeit:**
  - **friktionelle** Arbeitslosigkeit: zwischen zwei Arbeitsstellen, kurz, konjunkturunabhängig
  - **saisonale** Arbeitslosigkeit: jahreszeitabhängig (z. B. Baugewerbe), bis neun Monate
  - **konjunkturelle** Arbeitslosigkeit: abhängig von Konjunkturschwankungen, Dauer entsprechend des Konjunkturzyklus (ca. ein bis drei Jahre)
  - **strukturelle** Arbeitslosigkeit: geht über konjunkturelle Arbeitslosigkeit hinaus; Untergliederung in regionale (z. B durch Abwanderung), sektorale (z. B. durch Strukturwandel), institutionelle (z. B. durch arbeitsrechtliche Regelungen) und **Mismatch-Arbeitslosigkeit** (Nachfrage und Angebot an Stellen passen nicht zusammen)
- **Folgen von Arbeitslosigkeit:**
  - **individuell:** psychische Belastung, finanzielle Belastung
  - **volkswirtschaftlich:** Mehrausgaben und Mindereinnahmen
  - **politisch:** Gefahr radikaler Entwicklungen

Außenwirtschaftliches Gleichgewicht

- **Grundannahme:** negative Folgen eines dauerhaften außenwirtschaftlichen Ungleichgewichts für Überschussländer (z. B. importiere Inflation durch Überschuss an Devisen aus Exporten) und Defizitländer (z. B. Gefahr der Überschuldung im Ausland mit Krediten, die für die Importe benötigt werden)
- **Definitionen:**
  - **1. Möglichkeit:** langfristig ausgeglichene Leistungsbilanz eines Landes (alle Ausgaben und Einnahmen inklusive Im- und Exporte)
  - **2. Möglichkeit:** Außenbeitrag (Saldo der Ex- und Importe) gleicht den Saldo der laufenden Übertragungen (internationale Zahlungen ohne direkte Gegenleistung) langfristig aus
  - **3., vereinfachte Möglichkeit:** ausgeglichener Außenbeitrag (Export = Import)
- **Grenzwert:** meist Außenbeitrag (Exporte – Importe) von 2 % des BIP

Wirtschaftspolitische Ziele

- **Ursachen** von außenwirtschaftlichem **Ungleichgewicht:**
  - **Überschussländer** (z. B. Deutschland): z. B. Import billiger Rohstoffe → Veredelung zu Endprodukt → Export des Endprodukts → Wert der exportierten Waren höher als Wert der importierten Rohstoffe
  - **Defizitländer** (z. B. USA): u. a. Präferenz für ausländische Produkte
- **Debatte** um Überschuss und Defizit:
  - **Kritik an Defizitländern:** Gefahr der Zahlungsunfähigkeit durch Überschuldung, Gefahr hoher Arbeitslosigkeit wegen mangelnder eigener Produktion
  - **Kritik an Überschussländern:** Gefährdung anderer Länder (dort entstehen Defizite)
  → Überschuss von mehr als 6 % des BIP wird als stabilitätsgefährdend angesehen

Erweiterung zum Sechs-/Achteck

mögliche Ziel-Erweiterungen des Magischen Vierecks zum **Magischen Sechs-/Achteck:**
- verteilungspolitische Maßnahmen
- Erhalt einer lebenswerten Umwelt
- humane Arbeitsbedingungen
- intergenerationale Gerechtigkeit/Sicherung der Ressourcen

Zielbeziehungen

- Bezeichnung **„Magisches" Vier-/Sechseck**: gleichzeitiges Erreichen aller Zielsetzungen nahezu unmöglich
- mögliche **Zielbeziehungen:** Neutralität (kein Einfluss), Harmonie (positiver Einfluss), Konflikt (negativer Einfluss)
  - Beispiel für **Zielneutralität:** Förderung des Beschäftigungsstands hat in Zeiten der Rezession aufgrund geringer Kapazitätsauslastung keinen Einfluss auf die Preisniveaustabilität
  - Beispiel für **Zielharmonie** (Komplementarität): Förderung des Wirtschaftswachstums hat in der Regel einen positiven Einfluss auf den Beschäftigungsstand
  - Beispiel für **Zielkonflikt** (Inkomplementarität): Förderung des Beschäftigungsstands kann durch die vermehrte Nachfrage bei begrenztem Angebot zu Preissteigerungen führen

SOZIALE MARKTWIRTSCHAFT

Wirtschaftswachstum (eA)

Auf einen Blick

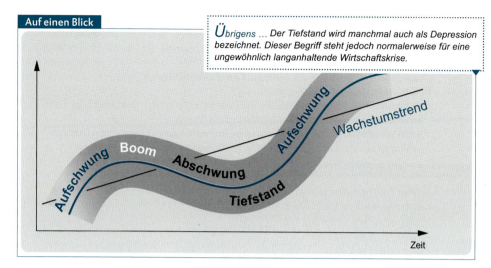

Übrigens ... Der Tiefstand wird manchmal auch als Depression bezeichnet. Dieser Begriff steht jedoch normalerweise für eine ungewöhnlich langanhaltende Wirtschaftskrise.

Wirtschaftswachstum

- **Definition:** Änderung des Bruttoinlandsprodukts (ΔBIP) gegenüber der Vorperiode

$$\Delta BIP = \frac{BIP_{aktuell} - BIP_{Vorjahr}}{BIP_{Vorjahr}} \cdot 100\,\%$$

- **Basiseffekt:** Höhe des Wirtschaftswachstums ist nicht nur vom absoluten **Zuwachs** abhängig, sondern auch vom **Ausgangswert**; steigt dieser an, so bedeuten u. U. auch niedrigere Zuwachsraten ein höheres absolutes Wachstum bzw. bei niedrigem Ausgangswert ergibt ein geringes absolutes Wachstum schon eine hohe Wachstumsrate

Konjunkturzyklus

- **Konjunkturzyklen:** Schwankungen des Wirtschaftswachstums auf lange Sicht
- wirtschaftspolitische Beeinflussung des Wirtschaftswachstums auf makroökonomischer (gesamtwirtschaftlich) und auf mikroökonomischer (einzelne Wirtschaftssubjekte) Ebene möglich:
  - **Makroökonomie:** aggregierte Größen als Grundlage
  - **Mikroökonomie:** Verhalten einzelner Wirtschaftssubjekte als Grundlage, wobei diese typischerweise modellhaft vereinfacht werden (z. B. Homo oeconomicus)
- Beispiel für eine **Wirkungskette:** Leitzinssenkung (Makroebene) → Senkung der Bankenzinsen (Mikroebene) → vermehrte Kreditaufnahme/Investitionen der Unternehmen → vermehrte Produktion → steigende Nachfrage nach Humankapital usw.

Wirtschaftswachstum (eA)

- die vier Phasen eines Konjunkturzyklus:
  - **Aufschwung:** steigende Produktion → zunehmende Beschäftigung → steigendes Einkommen → erhöhter Konsum → mehr Steuereinnahmen
  - **Boom:** Produktion in Richtung Vollauslastung → durch die gestiegene Gesamtnachfrage (Aufschwung) kann es zu Produktionsengpässen kommen → Preissteigerungen
  - **Abschwung (Rezession):** Preissteigerungen (Boom) → Nachfragerückgang → BIP sinkt
  - **Tiefstand:** Nachfragerückgang (Abschwung) → Produktion sinkt → weniger Bedarf an Arbeitskräften → sinkende Löhne und/oder Entlassungen → weitere Konsumabnahme
  - erneuter Aufschwung: in einer Rezession neigen die Wirtschaftssubjekte vermehrt zum Sparen, sodass die Einlagen der Banken zunehmen → Banken bieten Geld zu günstigeren Zinsen an → Investitions- bzw. Konsumlust von Unternehmen und auch privaten Haushalten steigt → die Wirtschaft wächst wieder
- Ablauf nur ein **Modell:** in der Realität Einwirken weiterer Faktoren, z. B. psychologische Faktoren/Pessimismus, Bevölkerungsentwicklung (Bevölkerungszuwachs → mehr Konsum → mehr Produktion → Zunahme des BIP), wirtschaftspolitische Maßnahmen

Die Wachstumsdebatte

- „Pro" quantitatives Wirtschaftswachstum:
  - Erhöhung des **Wohlstands** und des **Lebensstandards** der Gesellschaft
  - Abschwächung des **Generationenkonflikts**
  - größerer staatlicher **Handlungs-/Finanzierungsspielraum:** Abschwächung sozialer Konflikte
  - größerer **Investitionsspielraum** der Unternehmen: Investitionen in Forschung und Entwicklung, in Mitarbeiterqualifikation und Produkte führen zu Fortschritt und Wettbewerbsfähigkeit
- „Kontra" quantitatives Wirtschaftswachstum:
  - Umweltschäden
  - hoher Ressourcenverbrauch
  - oft Verschärfung der Kluft zwischen Arm und Reich

Kritik am BIP als wichtigste Messgröße für Wachstum und Wohlstand

- keine Erfassung von Gütern/Dienstleistungen, die **nicht auf Märkten** gehandelt werden (z. B. Hausarbeit, Kindererziehung/Altenbetreuung zu Hause, Schwarzarbeit)
- keine Berücksichtigung **höherer Bedürfnisebenen** (z. B. Bedürfnis nach Sicherheit, Anerkennung, Selbstverwirklichung → Arbeitsbedingungen)
- keine Beachtung der **Qualität** der Produkte/Dienstleistungen
- keine Berücksichtigung der **Einkommensverteilung** (z. B. hohes BIP in Ölförderländern wie Kuwait bei verbreiteter Armut in der Gesellschaft)
- keine Erfassung **sozialer Kosten** (z. B. Atemwegserkrankungen durch Luftverschmutzung)
- positive Berücksichtigung von **Aufwendungen zur Beseitigung von Umweltschäden** oder **Unfallschäden** (Reparaturleistungen), obwohl sie lediglich verlorene Werte wiederherstellen → Umweltschäden sorgen letztlich für ein steigendes BIP (z. B. Entsorgung verseuchter Böden)
- **Alternative:** qualitatives statt quantitatives Wirtschaftswachstum

SOZIALE MARKTWIRTSCHAFT

Markt, Staat und Umwelt (eA)

Auf einen Blick

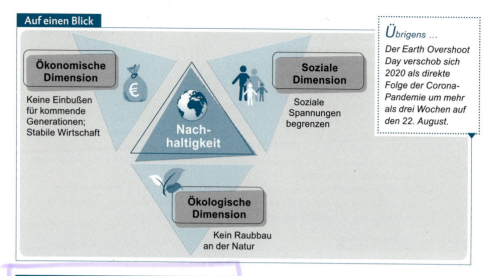

> **Übrigens ...**
> Der Earth Overshoot Day verschob sich 2020 als direkte Folge der Corona-Pandemie um mehr als drei Wochen auf den 22. August.

Wirtschaftswachstum vs. Umweltschutz

- Ausrichtung der Wirtschaftssysteme moderner Industriestaaten auf **Wirtschaftswachstum** bzw. **Steigerung des BIP**
  → **Folgen:** Umweltprobleme wie Luft- und Wasserverschmutzung durch erhöhte Schadstoffemissionen, Klimawandel, Übernutzung der Ressourcen
- **Spannungsverhältnis** zwischen Wirtschaftswachstum und Umweltschutz **(Zielkonflikt)**
- Schutz der Umwelt als zentrale Herausforderung des 21. Jahrhunderts
  → Umweltschutz und nachhaltiges Wirtschaften als politische Kategorien (Konzept einer **ökosozialen Marktwirtschaft**)
- **Probleme:**
  – häufig **Durchsetzung der Unternehmerinteressen:** divergierende Interessen von Umweltschützern und Wirtschaftsvertretern; politische Entscheidungsträger geben (im Interesse der Wiederwahl) häufig der Arbeitsplatzsicherung und der Abwendung konjunktureller Krisen Vorrang vor Umweltschutz
  – Marktversagen (siehe unten)

Marktversagen bei öffentlichen Gütern/Kollektivgütern

- **Marktversagen:** Marktmechanismus aus Angebot und Nachfrage führt nicht zu volkswirtschaftlich wünschenswerten Ergebnissen
- **Umweltgüter** (z. B. saubere Luft) als **„öffentliche" Güter**, von deren Konsum niemand ausgeschlossen werden kann **(Nichtausschließbarkeit**, d. h. ohne Gegenleistung konsumierbar) und die gleichzeitig von mehreren genutzt werden können **(Nichtrivalität)**

SOZIALE MARKTWIRTSCHAFT

Markt, Staat und Umwelt (eA)

- **negative externe Effekte** durch **Trittbrettfahrerverhalten**; keine Zahlungsbereitschaft für entstehende Kosten, da sie die Allgemeinheit trägt (z. B. Waldschäden durch schlechte Luft)
- **Preisverzerrungen:** umweltbelastende Produkte/Produktion zu günstig → Übernutzung der Umweltgüter → Notwendigkeit von Staatseingriffen

Internationale Klimaabkommen

Kyoto I/II (1997/2012)

- Ratifizierung von 191 Staaten; **keine Unterzeichnung** von China und USA (weltgrößte Verursacher von CO_2-Emissionen)
- Verpflichtung 2008–2012: Reduktion des jährlichen **Treibhausgas-Ausstoßes** der Industrieländer um mindestens 5 %; nationale Einzelziele; Deutschland: Minderungsziel von 21 % (erfüllt!)
- 2012: **Verlängerung des Abkommens** bis 2020 (Folgeabkommen, siehe unten); einige Ausstiege: u. a. Kanada, Russland; Ziel: Verminderung des CO_2-Ausstoßes um 18 % gegenüber 1990

Pariser Abkommen

- 2015: Beschluss eines **Nachfolgeabkommens** auf der 21. UN-Klimakonferenz in Paris
- Ziel: **Begrenzung der globalen Erwärmung** um deutlich unter 2 °C (gegenüber dem vorindustriellen Zeitalter)
- **Meilenstein:** Unterzeichnung von **China** und den **USA**; nach offizieller Austrittserklärung 2019 unter Präsident Trump sind die USA nach Amtseintritt von Joe Biden seit Februar 2021 wieder Teil des Pariser Abkommens

Alternatives Konzept der ökosozialen Marktwirtschaft

- **Ausgangslage:** Belastung des ökologischen Systems durch Wirtschaftswachstum (v. a. technologischer Fortschritt)
- Messungen der **ökologischen Marktwirtschaft:**
  - **ökologischer Fußabdruck:** misst, wie viele Ressourcen ein Mensch, ein Unternehmen oder ein Staat verbraucht → Abfall oder CO_2 werden z. B. in entsprechende Waldfläche umgerechnet, die nötig wäre, um das Aufkommen zu absorbieren
  - **Earth Overshoot Day:** Tag eines Jahres, an dem die produzierte Biokapazität eines Jahres aufgebraucht ist → ab da wäre eine weitere Erde nötig (2016: 8. August; 2019: 29. Juli)
- **Nachhaltigkeit:** wichtige Funktion in der **ökosozialen Marktwirtschaft** → Ausgleich zwischen ökonomischen, ökologischen und sozialen Zielen
- grundlegende Strategie: **Markt für öffentliche Güter** schaffen
  - **individualpolitischer Ansatz:** umfassende Information der Konsumenten von Seiten des Staates; es wird davon ausgegangen, dass die Wirtschaftssubjekte ihr Handeln an diese Informationen anpassen (z. B. Verpflichtung zu Produktdeklarationen)
  - **ordnungsrechtlicher Ansatz:** Staat als administrative Instanz; Vergabe von Nutzungsrechten für Ressourcen
  - **marktwirtschaftlicher Ansatz:** die Verknappung von Umweltgütern wird durch Preissignale angezeigt → es gibt verschiedene Berechnungsweisen

SOZIALE MARKTWIRTSCHAFT

Internationaler Terrorismus

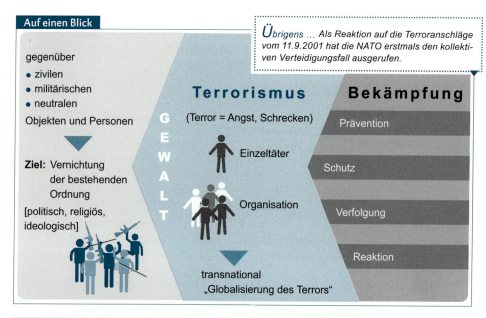

Begriff und Erscheinungsformen des internationalen Terrorismus

Terrorismus

- **gewalttätige Aktionen**, die sich **gegen eine politische oder gesellschaftliche Ordnung** richten und diese entsprechend der eigenen ideologischen Überzeugung verändern wollen
- **unschuldige Dritte** als Opfer
- Verbreitung von **Unsicherheit** und **Schrecken**
- **geplante** und **langfristige** Beeinflussung des Verhaltens des Gegners
- Akteure: Einzeltäter oder Organisationen
- kein neues Phänomen, jedoch **neue Dimension** seit den Anschlägen vom 11.9.2001
- enger Zusammenhang mit der Entwicklung „neuer" Kriege
- Terrorismus als eine der größten sicherheitspolitischen Herausforderungen des 21. Jahrhunderts

Politische Erscheinungsformen (idealtypisch) nach Peter Waldmann

- **autonomistisch und separatistisch ausgerichtete Gruppen:**
  – Selbstverständnis als politische Stimme einer ethnischen oder religiösen Minderheit mit dem Ziel der Abspaltung von dem bestehenden Staat; Staatsgründung
  – Beispiel: IRA in Nordirland
- **sozialrevolutionäre bzw. linksextremistische Gruppen:**
  – Überwindung einer als repressiv und ungerecht empfundenen reaktionären Staats- und kapitalistischen Wirtschaftsordnung
  – Beispiel: RAF („Rote Armee Fraktion")-Terrorismus der 70er-Jahre in Deutschland

Internationaler Terrorismus 33

- **rassistische bzw. rechtsextremistische Gruppen:**
  - Gewaltaktionen gegen Angehörige ethnischer Minderheiten mit dem Ziel der Errichtung einer ethnisch homogenen Gesellschaft
  - Beispiel: NSU („Nationalistischer Untergrund") in den 2000er-Jahren in Deutschland
- **fundamentalistische bzw. religiöse motivierte Gruppen:**
  - Überwindung einer in ihren Augen „verwerflichen" säkulären Staats- und Gesellschaftsform mit dem Ziel einer theokratischen Staatsform
  - Beispiel: Al-Qaida, Islamischer Staat (IS)

Wesentliche Merkmale des Terrorismus

- **„traditioneller" Terrorismus:** kleine bis mittelgroße hierarchisch organisierte Gruppen; national begrenztes Operationsgebiet; ausgewählte Personen/Repräsentanten des „Systems" als Ziele der Anschläge; Beispiel: IRA-Terrorismus in Nordirland; RAF-Terrorismus in Deutschland
- **„neuer" Terrorismus:** flache Hierarchien; Kleingruppen oder Individuen („Schläfer") als Täter; internationale/transnationale Operationen („Globalisierung des Terrors"), wobei größere Menschenansammlungen Ziel der Anschläge sind → große mediale Wirkung; Beispiel: Al Qaida, Islamischer Staat (IS)

Terrorismusbekämpfung

- **innenpolitische Maßnahmen:** sog. „Anti-Terror-Pakete" (z. B. Sicherheitspaket I und II nach dem 11.9.2001; u. a. erweiterte Befugnisse der Geheimdienste, personelle und technische Stärkung der Sicherheitsbehörden, „Terror-Ausbildung" als Straftatbestand, Vorratsdatenspeicherung) → einige Maßnahmen umstritten, da zum Teil mit **Grundrechtsrechtseinschränkungen** verbunden (vgl. Spannungsverhältnis: innere Sicherheit ↔ Freiheit);
- **internationale Foren zur Terrorismusbekämpfung:** Vereinte Nationen, EU, NATO, OSZE, Europarat, G7
- **EU-Strategie zur Terrorismusbekämpfung: vier Säulen**
  - **Prävention:** Verhinderung der Radikalisierung und Anwerbung potenzieller Gefährder
  - **Schutz:** Schutz der Bürger und der Infrastrukturen; Verringerung der Verwundbarkeit → Schutz der Außengrenzen; Verbesserung der Gefahrenabwehr im Verkehrsbereich; Schutz strategischer Ziele
  - **Verfolgung:** Hemmen der Planungs- und Organisationskapazität von Terroristen; gerichtliche Verfolgung → Stärkung nationaler Fähigkeiten; Verbesserung der Zusammenarbeit und des Informationsaustauschs zwischen Polizei und Justiz; gemeinsames Vorgehen gegen Terrorismusfinanzierung; Mittelentzug, um die Vorbereitung von Anschlägen zu verhindern
  - **Reaktion:** Bewältigung der Folgen eines Terroranschlags → Koordinierung im Krisenfall; Optimierung der EU-Katastrophenschutzverfahren; Ausbau der Risikobewertung; Austausch bewährter Vorgehensweisen für die Unterstützung von Terroropfern
- **globale Ausrichtung** der EU-Strategie zur Terrorismusbekämpfung: Zusammenarbeit der EU mit **Drittländern** (Westlicher Balkan, Afrika, Naher Osten, Nordamerika, Asien) → politische Dialoge auf hoher Ebene; Übereinkünfte über eine Zusammenarbeit; Aufbau von Kapazitäten in strategisch wichtigen Ländern

FRIEDENSSICHERUNG

Deutsche Außenpolitik

Auf einen Blick

Übrigens ... Deutsche Außenpolitik ist geprägt von der historischen Last des Nationalsozialismus und politischen (Bündnis-)Pflichten.

Konzept der zivilisierenden Außenpolitik

Ziele
- Schutz des nationalen Territoriums
- Internationale(r) Frieden/Sicherheit
- Demokratie, Freiheit, Menschenrechte
- Armutsbekämpfung
- Erhalt der Umwelt

Bedingungsfaktoren
- Vorgaben des GG und Wertekonsens
- EU/Europäische Integration
- Transatlantische Partnerschaft
- Multilateralismus

Grundsätze deutscher Außen- und Sicherheitspolitik

- **Außenpolitik:** Vertreten der nationalen Interessen gegenüber anderen Staaten
- **hohe außenpolitische Bedeutung** Deutschlands aufgrund **wirtschaftlicher Stärke** und **nationaler Größe** (Schlüsselrolle in NATO, EU sowie wichtige Macht in der UNO)
- Konzept der **zivilisierenden Außenpolitik** mit folgenden **Zielen** und **Grundsätzen:**
  – Primärziel: Schutz der Unversehrtheit des deutschen Staatsgebiets
  – multilaterale Zusammenarbeit (↔ Unilateralismus)
  – Verwirklichung von Frieden und internationaler Sicherheit
  – Einsatz für Demokratie/Freiheit; Weiterentwicklung von Menschenrechten und Völkerrecht
  – Bekämpfung von Armut und sozialer Ungleichheit
  – Erhalt der Umwelt
- **Akteure** der deutschen Außenpolitik:
  – **Außenminister*in:** Federführung beim Aushandeln völkerrechtlicher Verträge/Abkommen
  – **Bundeskanzler*in/Bundesregierung:** Richtlinienkompetenz; personeller Vorschlag für die Besetzung der Position des Außenministers; Mitarbeit in internationalen Organisationen
  – **Bundestag:** ausschließliche Gesetzgebung für auswärtige Angelegenheiten und Verteidigung; Mitwirkungsrechte in der auswärtigen Politik; Entscheidung über Bundeswehreinsätze
  – **Bundespräsident*in:** völkerrechtliche Vertretung und Repräsentation nach außen

Das Weißbuch (2016)

- oberstes sicherheits- und verteidigungspolitisches Grundlagendokument der Bundesregierung: v. a. zu außenpolitischen Fragen → Ableitung der Rolle der Bundeswehr (siehe S. 36 f.)
- im Mittelpunkt Zukunftsthemen wie **Krisenfrüherkennung**, **hybride Kriegsführung** und **Cybersicherheit**

Deutsche Außenpolitik

Bedingungsfaktoren deutscher Außen- und Sicherheitspolitik

Verfassungsrechtliche Grundlagen
- Leitlinien: **Friedenspostulat – Westbindung – offener Multilateralismus**
- Präambel des GG: Bekenntnis zur **europäischen Integration** und zum **Weltfrieden**
- Art. 1 Abs. 2 GG: Bekenntnis zu **unveräußerlichen Menschenrechten**
- Art. 24 Abs. 2 GG: Einordnung in ein **System kollektiver Sicherheit**; Beschränkung der Hoheitsrechte (Souveränitätsbegrenzung)
- Art. 25 GG: allgemeine Regeln des **Völkerrechts** als Bestandteil des Bundesrechts
- Art. 26 Abs. 1 GG: **Verbot eines Angriffskriegs**
- Art. 87 a GG: Bereithalten von **Streitkräften zur Verteidigung**

Europäische Integration und Europäische Union
- Europäische Integration und EU als **Rahmen** und **Richtung** deutscher Außenpolitik
- Stärkung des Zusammenhalts und Vertiefung der Zusammenarbeit insbesondere im Bereich der „Gemeinsamen Sicherheits- und Verteidigungspolitik" **(GSVP)**; aktuell drei militärische Operationen und drei militärische Ausbildungsmissionen (u. a. EUTM Mali) zu Land und zur See; Truppenstellung durch die Mitgliedstaaten
- möglichst **geschlossenes Auftreten** bei internationalen Belangen; **Beistandsklausel**

Transatlantische Partnerschaft
- USA als engster Verbündeter außerhalb Europas
- historisch bedingte **Westbindung**; **Wertekonsens:** Demokratie, Freiheit, Rechtsstaatlichkeit
- traditionell enge politische und wirtschaftliche Verflechtung

Multilaterale Kooperation
- internationale Zusammenarbeit und verbindliche Regeln statt staatliche Alleingänge
- Mitgliedschaft in zahlreichen internationalen Organisationen:
  - Deutschland als **Mitglied der UNO** → multilaterale intergouvernementale Zusammenarbeit
  - Deutschland als **Mitglied der OSZE** (Organisation für Sicherheit und Zusammenarbeit in Europa, 57 Mitglieder): verstetigte Staatenkonferenz zur Friedenssicherung
  - Deutschland als **Mitglied der NATO** (Nordatlantische Allianz, 30 Mitglieder) → Integration in die Bündnisstruktur und Unterstellung deutscher Truppen unter NATO-Kommando
  - Deutschland als Teil der **G7** → Fragen der Weltwirtschaft
  - Partnerschaften und Verhandlungsformate wie z. B. im Rahmen der **G20**

Prinzipien des Systems kollektiver Sicherheit

- **gegenseitiger Gewaltverzicht:** Verzicht auf militärische Angriffe; Anerkennung der nationalen Souveränität und der Unverletzlichkeit des Territoriums
- **gegenseitiger Beistand** im Falle eines Verstoßes gegen das Prinzip des Gewaltverzichts (z. B. Art. V des NATO-Vertrags: „**Bündnisfall**")
- **friedliche Streitbeilegung:** im Vorfeld oder nach Beendigung eines Konflikts durch gegenseitige Konsultationen oder Anerkennung einer übernationalen Schiedsgerichtsbarkeit
- → **UNO** und **NATO** als wichtigste internationale Organisationen kollektiver Sicherheit

FRIEDENSSICHERUNG

36 Rolle der Bundeswehr

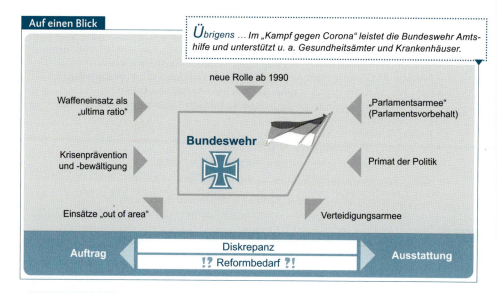

Die Bundeswehr

- Entmilitarisierung Deutschlands nach dem Zweiten Weltkrieg
- **NATO-Beitritt** Deutschlands 1955 und **„Wiederbewaffnung"** → Aufstellung westdeutscher Streitkräfte für eine **Armee im NATO-Bündnis** (militärische Beteiligung an der westlichen Sicherheitsgemeinschaft) → **Bundeswehr**
- Charakteristika:
  - bis 2011 Wehrpflichtigenarmee („Staatsbürger in Uniform")
  - 2011: Aussetzung der Wehrpflicht → Berufsarmee
  - grundsätzlich: **Primat der Politik** (↔ Weimarer Republik), d. h. Oberbefehl bei Verteidigungsminister bzw. im Verteidigungsfall beim Bundeskanzler
- bis Ende des Ost-West-Konflikts **statische und abwehrende Rolle** der Bundeswehr; Einsatz ausschließlich zur **Verteidigung bei einem militärischen Angriff** innerhalb des NATO-Gebiets („Verteidigungsarmee") → **Aufgabenspektrum:** grundsätzlich Landes- und Bündnisverteidigung, ansonsten Einsatz nur bei innerem Notstand und bei Katastrophen
- **„Parlamentsarmee": Budgethoheit** des Bundestags; **Parlamentsvorbehalt** → für jeden **bewaffneten auswärtigen Einsatz** der Bundeswehr muss ein Beschluss der Regierung vorliegen, dem das **Parlament zugestimmt** hat

„Neue" Rolle der Bundeswehr

- ab 1989/1990 „neue Rolle" der Bundeswehr aufgrund des Wandels des sicherheitspolitischen Umfelds (Ende der Blockkonfrontation; neue, asymmetrische Konflikte); Ruf nach **Übernahme internationaler Verantwortung**

FRIEDENSSICHERUNG

Rolle der Bundeswehr

- 1994 „out-of-area"-Urteil des Bundesverfassungsgerichts: Verfassungsmäßigkeit von Bundeswehreinsätzen **außerhalb des NATO-Gebiets** → Bundeswehreinsätze im Rahmen von Systemen kollektiver Sicherheit (z. B. UNO) und kollektiver Verteidigung (NATO) sind mit dem Grundgesetz vereinbar, sofern sie der **Friedenswahrung** dienen
- **Erweiterung des Einsatzprofils** um globale **Krisenprävention und -bewältigung**: z. B.
  – Trennung und Überwachung von Konfliktparteien (z. B. Mali)
  – Überwachung eines Waffenstillstands (z. B. Westsahara)
  – Unterstützung beim Aufbau einer zivilen Friedensordnung (z. B. Kosovo)
  – demokratische Ausbildung einheimischer Militärs (z. B. Afghanistan)
  – sicherheitspolitische Stabilisierung (z. B. Anti-IS-Einsatz in Jordanien und im Irak)
- Einsatz **militärischer Mittel** als „**ultima ratio**"
- **Diskussion:** Bundeswehreinsätze, insbesondere in Verbindung mit Kampfhandlungen, innenpolitisch sehr umstritten, während gleichzeitig von den Bündnispartnern die begrenzte Mandatierung der Bundeswehr kritisiert wird

Aktuelle Einsätze der Bundeswehr (Auswahl)

- **Afghanistan:** Beratung, Ausbildung und Unterstützung der afghanischen Sicherheitskräfte
- **Mali:** Beteiligung an einer EU-Trainingsmission zur Unterstützung der malischen Regierung bei der Ausbildung von Sicherheitskräften; Beteiligung an einer UN-Stabilisierungsmission in Mali
- **Jordanien/Syrien/Irak:** Bundeswehr als Teil der „internationalen Kräfte" im Kampf gegen die Terrororganisation Islamischer Staat
- **Südsudan:** Beteiligung an einer UN-Nachfolgemission zur Sicherung des Friedens
- **Sudan:** Beteiligung an UN-Friedensmission
- **Westsahara:** Beteiligung an UN-Mission zur Überwachung des Waffenstillstands
- **Jemen:** Unterstützung der UN-Mission mit Militärbeobachter
- **Mittelmeer:** NATO-Patrouillen, Seeraum-Überwachung
- **Libanon:** UN-Friedensmission, Seeraum-Überwachung
- **Horn von Afrika:** EU-Einsatz gegen Piraten

Reformbedarf

- Ziel der Reform: Deutschland als **zuverlässiger Partner** innerhalb der Bündnisse und Allianzen
- **Anpassung der Ressourcen** und der **Kampfbereitschaft** der Bundeswehr an ihre veränderte Rolle („Armee im Einsatz"): Probleme hinsichtlich der Ausstattung und der Einsatzbereitschaft der Mittel → **Diskrepanz** zwischen **Auftrag** (militärischer Beitrag bei der internationalen Krisenbewältigung) und **verfügbaren Mitteln**
- Verbesserung der Einsatzfähigkeit durch Bereitstellung entsprechender Mittel: Verpflichtung zur Einhaltung des **2%-Ziels der NATO** (Anteil der Verteidigungsausgaben am BIP) → **Verbindlichkeit und Notwendigkeit** der Einhaltung des Ziels **innenpolitisch umstritten**; Argumente gegen Einhaltung: Effizienzsteigerung statt Mittelsteigerung; Friedenspolitik durch Bekämpfung der Ursachen von Konflikten und nicht durch Militäreinsatz
- **aktuelle Herausforderungen:** Cyber-Angriffe, hybride Kriegsführung, angemessene Einsatzbereitschaft, rasche Schwerpunktverlagerung mobiler Kräfte, Unterstützungsleistungen für Alliierte

FRIEDENSSICHERUNG

Deutsche Entwicklungspolitik (eA)

Auf einen Blick

- militärpolitische
- sicherheitspolitische
- ökonomische
- solidarische/moralische
  ... **Motive**

Übrigens ... Gemessen am BIP/Kopf gilt Burundi (Afrika) als das ärmste Land der Welt.

Begriffsbestimmungen

Entwicklungsländer

Merkmale:
- **unzureichende Versorgung** großer Bevölkerungsgruppen mit Nahrungsmitteln
- **mangelhafte Gesundheitsversorgung**, hohe Kindersterblichkeit, geringe Lebenserwartung
- niedriges Pro-Kopf-Einkommen und **ungleiche Einkommens- und Vermögensverteilung**
- Dominanz des **primären Sektors**
- mangelhafte Infrastruktur
- schlechte Bildungsmöglichkeiten, hohe Analphabetenrate
- **Kapitalmangel** und außenwirtschaftliche Schwierigkeiten aufgrund **hoher Verschuldung**
- **hohe Arbeitslosigkeit**, ausgeprägter **informeller Sektor**
- z. B. Ghana, Mali, Costa Rica, Georgien, Samoa, Belarus, Ecuador

Schwellenländer

Merkmale:
- Länder am **Übergang** vom Entwicklungsland zur Industrienation
- umfassender Wandlungsprozess: hohe wirtschaftliche **Wachstumsraten** und enorme **Steigerung des Pro-Kopf-Einkommens**
- **soziale und politische Entwicklung** (Gesundheit, Bildung, Wasserversorgung, demokratische Strukturen) weit **hinter** wirtschaftlicher Entwicklung
- z. B. Mexiko, Malaysia sowie die BRICS-Staaten (Brasilien, Russland, Indien, China und Südafrika)
- **Problem:** Wachstum vielfach **auf Kosten der Umwelt** (z. B. Raubbau an den Regenwäldern des Amazonas), **fehlende soziale Abfederung**

FRIEDENSSICHERUNG

Deutsche Entwicklungspolitik (eA)

Entwicklungspolitik und Entwicklungszusammenarbeit

- **Entwicklungspolitik:** Konzepte, Strategien und Programme von Staaten oder internationalen Organisationen, mit denen die wirtschaftlichen, sozialen und politischen Defizite in den sogenannten Entwicklungsländern vermindert werden sollen
- 1961 Gründung des Bundesministeriums für wirtschaftliche Zusammenarbeit und Entwicklung (BMZ)
- Begriff „Entwicklungs*zusammenarbeit*" betont, dass die Länder, mit denen Deutschland entwicklungspolitisch zusammenarbeitet, nicht als Empfänger von Hilfsleistungen, sondern als gleichberechtigte Partner angesehen werden (↔ Entwicklungs*hilfe*)
- deutsche Entwicklungspolitik eingebunden in eine europäische und internationale Entwicklungspolitik
- **Entwicklungspolitik** als **Säule der Außenpolitik** und Teil einer **umfassenden Friedens- und Sicherheitspolitik** → Entwicklungspolitik wertegeleitet („Gebot der Menschlichkeit") und interessengeleitet („Gebot der Vernunft")

Motive und Ziele der Entwicklungspolitik

Motive

- Entwicklungshilfe aus **militärpolitischen Interessen:** v. a. während des Ost-West-Konflikts zur Bindung der Entwicklungsländer an das eigene Bündnissystem
- **erweitertes langfristiges Sicherheitsmotiv:** Schutz globaler öffentlicher Güter wie Klima und Weltgesundheit sowie Verhindern von Flüchtlingsströmen durch Ursachenbekämpfung in den Herkunftsländern; Verhindern einer Radikalisierung infolge von Armut und Aussichtslosigkeit → **Krisenprävention** und **Konfliktentschärfung** (präventive Friedenspolitik)
- **ökonomische Motive:** Entwicklungsländer als Exportländer, Sicherung von Rohstoffen
- **Solidarität und Moral:** internationale Sozial- und Umverteilungspolitik (aber Gefahr einer „Almosen-Mentalität"; besser: **„Hilfe zur Selbsthilfe"**, nachhaltige Entwicklung), Schutz der Menschenrechte

Ziele

- Zugang zu Bildung
- Gesundheitsversorgung
- „good governance" (gute Regierungsführung)
- nachhaltige wirtschaftliche Entwicklung und Klimaschutz
- Bekämpfung weltweiter Armut
- → **stabile politische, gesellschaftliche und ökonomische Rahmenbedingungen** als **Grundvoraussetzung** zur Verwirklichung der genannten Ziele

FRIEDENSSICHERUNG

40 Außenhandelspolitik und Handelsregime

Auf einen Blick

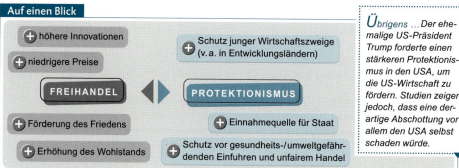

Übrigens ... Der ehemalige US-Präsident Trump forderte einen stärkeren Protektionismus in den USA, um die US-Wirtschaft zu fördern. Studien zeigen jedoch, dass eine derartige Abschottung vor allem den USA selbst schaden würde.

Begriffsbestimmungen

Freihandel

- **Grundannahme:** Erhöhung des Wohlstands aller Beteiligten durch internationale Arbeitsteilung und das Ausnutzen von Kostenvorteilen
- **Grundsatz der Außenhandelspolitik:** freier Austausch von Gütern, Dienstleistungen und Kapital zwischen den Ländern; freie Preisbildung auf dem internationalen Markt
- **Konsequenz:** internationale Wettbewerbsfähigkeit (absolute oder komparative **Kostenvorteile**) notwendig, um auf dem freien Markt bestehen zu können
- **Maßnahmen zur Förderung des Freihandels:** Bildung einer Zollunion, Freihandelszonen, Binnenmarkt, Mitgliedschaft in internationalen Organisationen (insbesondere WTO)
- Beispiele für Freihandelszonen/Freihandelsabkommen: EU, NAFTA, TTIP (EU – USA)

Protektionismus

- **Ziel:** Schutz heimischer Unternehmen vor der internationalen Konkurrenz
- **Grundsatz der Außenhandelspolitik:** politische Maßnahmen in Form von Handelshemmnissen; Beeinflussung der Preisbildung → künstliche Wettbewerbsvorteile der heimischen Industrie
- **protektionistische Maßnahmen: tarifäre Handelshemmnisse** wie Zölle auf ausländische Produkte oder Subventionen für heimische Produkte; **nicht-tarifäre Handelshemmnisse** wie Kontingente (Importquoten), technische oder qualitative Normen, hohe Umwelt- und Sozialstandards, aufwendige und diskriminierende Importabwicklung etc.

Freihandel vs. Protektionismus

Argumente für Freihandel und gegen Protektionismus

- mehr (internationaler) Wettbewerb führt zu **Innovationen** und zu **sinkenden Preisen**
- Sicherung der **Versorgung** mit national nicht verfügbaren Gütern und Erhaltung von **Arbeitsplätzen** durch internationale Absatzmärkte
- durch Spezialisierung und Ausschöpfung absoluter und relativer Kostenvorteile optimale Nutzung der Ressourcen und **Erhöhung des Wohlstands** aller Beteiligten
- **Friedensförderung** durch internationale Handelsverflechtungen (wenn keine Asymmetrien!)

 WELTWIRTSCHAFTLICHE VERFLECHTUNG

Außenhandelspolitik und Handelsregime

Argumente für Protektionismus und gegen Freihandel
- Verhindern einseitiger Spezialisierung und **Verringerung der Importabhängigkeit**
- **Schutz** vor **gesundheits-** und **umweltgefährdenden Einfuhren** und **unfairen Handelspraktiken**
- zeitweiliger **Schutz junger Wirtschaftszweige**, bis sie Wettbewerbsfähigkeit erlangt haben
- Zölle und Steuern auf Importe als **Einnahmequelle für den Staat**
- Länder mit Wettbewerbsnachteilen (z. B. Entwicklungsländer) als **Verlierer des Freihandels**
- **negative soziale Effekte** bei unreguliertem Freihandel (z. B. Umweltverschmutzung)

Die WTO (Welthandelsorganisation)
- **W**orld **T**rade **O**rganization; 164 Mitgliedstaaten; umfasst ca. 97 % des Welthandels
- zentrale Prinzipien: **freier Marktzugang**, Gleichbehandlung in- und ausländischer Anbieter **(Inländerbehandlung)**, Handelsvergünstigungen gelten immer für alle WTO-Mitglieder **(Meistbegünstigungsklausel)**
- Dachorganisation von drei Vertragswerken: **GATT** (allgemeines Zoll- und Handelsabkommen), **GATS** (Abkommen über Handel mit Dienstleistungen), **TRIPS** (Übereinkommen über handelsbezogene Aspekte des Rechts am geistigen Eigentum)
- zentrale Entscheidungen werden nach dem **Konsensprinzip** getroffen → zähe Verhandlungen
- trotz Liberalisierung **Regionalisierungstendenzen** durch Freihandelszonen, Wirtschafts- und Zollunionen (EU, NAFTA in Nordamerika, Mercosur in Lateinamerika, ASEAN in Südostasien oder SACU in Südafrika) → diskriminierende Wirkung auf Drittländer

Grenzen nationaler Wirtschaftspolitik in Zeiten der Globalisierung
starker Einfluss internationaler Verflechtungen auf die nationale (Wirtschafts-)Politik → großer internationaler Wettbewerbsdruck hat Auswirkungen auf folgende Politikbereiche:
- **Sozial- und Arbeitsmarktpolitik:** z. B. Wettbewerbnachteile durch höhere Sozial- und Sicherheitsstandards → Anpassungsdruck nach unten (auch bezüglich der Verbraucherstandards; vgl. Diskussion um „Chlorhühnchen" im Rahmen der TTIP-Verhandlungen mit den USA)
- **Konjunkturpolitik:** Abfluss aufgewendeter Mittel ins Ausland über den Import von Konsum- und Investitionsgütern (z. B. „Abwrackprämie")
- **Wettbewerbspolitik:** Marktmacht durch internationale Zusammenschlüsse
- **Geld- und Währungspolitik:** in Deutschland komplett an die EZB abgegeben; zusätzlich starker Einfluss internationaler Finanzmärkte
- **Außenhandelspolitik:** stark durch Mitgliedschaft in EU und WTO bestimmt

Europäische Handelspolitik
- **gemeinsame Handelspolitik**, die den Güter-/Warenaustausch mit Drittländern regelt
- Kernelement: gemeinsamer Zolltarif/**Zollunion**; innerhalb der EU: **freier Handelsverkehr**
- Recht der **Europäischen Kommission**, Handelsabkommen zur **Handelsförderung** mit **Drittländern oder internationalen Organisationen** abzuschließen (z. B. Abkommen mit den Ländern der EFTA und Ländern Asiens und Lateinamerikas; TTIP-Verhandlungen mit den USA); i. d. R. wird auch eine über den Güteraustausch hinausgehende Zusammenarbeit angestrebt

WELTWIRTSCHAFTLICHE VERFLECHTUNG

Notizen

Notizen

ONLINE LERNEN
mit **STARK** und StudySmarter

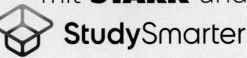

STARK LERNINHALTE GIBT ES AUCH ONLINE!

Deine Vorteile:
- ✔ Auch einzelne Lerneinheiten – sofort abrufbar
- ✔ Gratis Lerneinheiten zum Testen

WAS IST STUDYSMARTER?

StudySmarter ist eine intelligente **Lern-App** und **Lernplattform**, auf der du ...
- ✔ deine Mitschriften aus dem Unterricht hochladen,
- ✔ deine Lerninhalte teilen und mit der Community diskutieren,
- ✔ Zusammenfassungen, Karteikarten und Mind-Maps erstellen,
- ✔ dein Wissen täglich erweitern und abfragen,
- ✔ individuelle Lernpläne anlegen kannst.

  Google Play

  Apple App Store

StudySmarter – die Lern-App kostenlos bei Google Play oder im Apple App Store herunterladen. Gleich anmelden unter: **www.StudySmarter.de/schule**

Fit fürs ABI?

Mit unseren ABI-Vorbereitungskursen zur Höchstform auflaufen!

In mehrtägigen Kursen bringen dich unsere Lern-Coaches in DEINE persönliche Bestform:

- Sie zeigen dir, woran DU arbeiten musst.
- Sie helfen dir, DEINEN persönlichen Lern-Trainings-Plan zu erstellen.
- Sie unterstützen DICH mit exklusiven STARK Lernmaterialien, die es nur dort gibt.
- Sie stehen dir für DEINE Fragen zur Verfügung.

stark-plus.de